KB210643

지금, 다시, 중보기도

내가 살기 위해 붙들 기도

지금, 다시, 중보기도

이진황

규장

02 말씀에 의지하는 기도훈련

에필로그

공동체, 그리고 중보기도

세상은 지금까지 경험해보지 못한 팬데믹(pandemic) 상황으로 혼란 가운데 있습니다. 인간의 과학과 의학 기술이 비약적인 발전을 거듭하는 중이지만, 우리의 눈에 보이지도 않는 바이러스로 인해 모든 일상이 멈춰버렸습니다. 몇 개월이면 이 상황이 끝날 줄 알았습니다. 하지만 1년이 지나고, 2년이 지나면서 주춤하나 싶던 바이러스는 또 다른 변이를 통해 재확산되었습니다. 결국 정부는 종식이 아닌 'with' 코로나 시대를 선택해야 하는 길에 놓여 있습니다. 이럴 때 교회는 어떤 선택을 해야 할까요?

코로나가 확산되는 동안 교회는 뿔뿔이 흩어지기 바빴습니다. 아니, 외부의 압력에 의해 그렇게 할 수밖에 없었습니다. 공동체로 모여야 한다고 외치던 교회는 정부의 거리두기 지침으로 그 공동체성을 포기해야 했습니다. 주일성수를 목숨같이 생각했던 교회는 혼란에 빠졌고, 여기저기서 온라인 예배를 시작하며 이에 대한 학문적인 근거들을 내놓고 있습니다.

무엇이 공동체인가

그렇다면 교회의 공동체성이란 무엇일까요? 물리적으로 모이는 것만이 교회의 공동체성일까요? 저는 그렇지 않다고 생각합니다. 물론 기본적으로 교회는 모이기에 힘써야 합니다. 그리스도인이 함께 모여서 예배를 드리고, 떡을 떼고, 교제를 나누는 것에서 우리는 하나님의 사랑을 나누고 경험할 수 있습니다. 그러나 공동체의 더 중요한 개념은 바로 '하나님의 나라'입니다. 하나님의 나라는 사람이 많이 '모이는' 것에 그 의미를 두지 않습니다. 그보다는 '하나님께서 통치하시는지'에 달려 있습니다.

수만 명이 모여도 그 공동체의 주인이 하나님이 아니라면, 하나님께서 원하시는 공동체가 아닙니다. 그러나 서로 떨어져서 혼자 예배를 드린다 해도, 그것이 온라인으로 드리는 예배라 할지라도 하나님께서 통치하신다면 그곳이 하나님나라입니다. 그런 그리스도인들이 서로 연합할 때 '하나님나라의 네트워크'가 형성됩니다. 그래서 살아 있는 공동체는 온라인이냐 오프라인이냐가 아니라 그곳이 하나님의 나라, 곧 하나님께서 통치하시는 공동체인지에 달려 있습니다.

지금과 같은 팬데믹 상황에서는 우리가 선 곳에서 하나님나라를 세워나가기 위해 더욱 몸부림쳐야 하며, 이런 몸부림의 가장 좋은 도구가 '중보기도'라고 생각합니다. 함께 모이지 못 한다면, 모두가 각자의 위치에서 중보기도를 통해 하나님께서 통치하시는 공동체를 형성해나가는 것입니다. 지금까지는 한날한시에 '교회'라는 한 공간에 모여서 같은 기도제목을 놓고 기도했습니다. 그러나 이제는 서로 살아가는 삶의 자리에서, 그곳에 임재하시는 하나님을 경험하며 거룩한 기도의 제단을 각 처소에 세워나가는 것입니다. 이러한 기도의 처소가 더 많아지고, 각자의 삶의 자리마다 하나님나라가 세워진다면 그 힘이 얼마나 대단하겠습니까?

초대교회 복음의 확산이 무엇으로 인해 퍼져나갔습니까? 바로 핍박입니다. 고난으로부터였습니다. 사도행전 7장에서 8장으로 넘어갈 때, 그곳은 핍박의 현장이었습니다. 처절한 울부짖음과 폭력으로 얼룩진 고통의 장소였습니다. 그러나 스데반의 죽음은 복음의 씨앗이 되었습니다. 예루살렘으로부터 온 유대와 사마리아, 온 땅으로 사람들이 흩어지며 복음이 이곳저곳에 뿌리를 내리게 하는 역설적인 역사를 가져왔습니다.

지금 우리의 시대도 마찬가지입니다. 함께 모이지 못 한다고 해도 교회의 공동체성은 희미해지는 것이 아니라 더욱 분명해져야 합니다. 복음에는 힘이 있고, 말씀에는 능력이 있으며, 기도는 그리스도인으로서 이 땅에서 살아갈 용기를 주기 때문입니다. 하나님께서는 더 건강하고 영적으로 성숙한 공동체를 세워나갈 기회를 우리에게 허락하셨습니다. 이럴 때일수록 우리가 함께 나누는 기도의 제목, 서로의 자리에서 올려드리는 기도의 소리, 간절함으로 울부짖는 중보기도의 가락이 멈추지 말아야 합니다. 나 혼자가 아닌 공동체가 이러한 중보기도를 드려야 합니다. 중보기도란 개개인의 기도가 모여 공동체의 기도를 이루며 하나님의 뜻을 이 땅에 드러내는 능력이기 때문입니다.

공동체를 하나 되게 하는 기도

공동체가 함께 중보기도를 해야 한다는 필요성을 절실히 깨닫게 된 시간이 있었습니다. 2019년 8월, 청년들과 함께 3년 동안 준비하던 선교 프로젝트를 진행하던 때였습니다. 12-15명이 한 팀을 이루어 각각 라오스, 미얀마, 태국에서 일주일간 단기선교사역을 진행한후, 태국 방콕에 모여 선교 수련회를 진행하는 프로젝트였습니다. 하나님은 2016년 겨울에 이 선교 프로젝트에 대한 비전을 갖게 하셨고, 이를 위해 3년 동안 선교비를 모으며 기도로 준비하게 하셨습니다. 그리고 하나님은 정말 우리 청년들에게 이 프로젝트를 감당하게 하셨습니다.

나중에 들으니 제가 이 프로젝트를 청년 공동체에 소개할 때는 이 일이 이루어질 것을 믿지 못한 청년들도 많았다고 합니다.

'우리가 어떻게 이런 선교 프로젝트를 감당할 수 있겠어?'

'또 황당한 프로그램을 소개하시는구나!'

그러나 하나님은 정말 놀랍게 우리가 이 프로젝트를 진행하게 하셨습니다. 그리고 이를 준비하는 과정에서 저에게 또 하나의 음성을 주셨습니다. 그것은 '공동체, 그리고 중보기도'였습니다.

선교를 가기 두 달 전인 2019년 6월 말이었습니다. 하나님은 기도하는 가운데 '공동체와 중보기도'에 대한 강한 음성을 주셨고, 그때 저는 그 음성을 제가 속한 공동체를 위해 중보기도를 하라는 하나님의 음성으로 받아들였습니다. 그래서 청년들과 선교 프로젝트에 참여하는 성도님들에게 하나님께서 공동체에 대한 중보기도의 마음을 주셨다고 선포했습니다.

실제로 당시 우리 청년 공동체는 공동체성이 더 요구되는 상황이었고, 선교가 영적 전쟁의 한복판에서 이루어지는 것이기에 중보기도는 우리에게 당연히 필요한 하나님의 음성이라고 생각했고, 또 그렇게 설명했습니다.

그리고 실제 선교지에서 우리는 중보기도의 능력을 강하게 경험했습니다. 한국에서는 우리 청년 공동체의 중보기도 팀장이 매일 SNS에 우리의 일정에 맞춰 중보기도문을 올리며 계속 기도했고, 공동체의 소그룹마다 선교지에 가 있는 팀원을 위해 중보하는 일들이 자발적으로 이루어지고 있었습니다. 그 중보기도의 열매가 어떠했 겠습니까?

선교 현장에 가 있는 청년들은 무더운 날씨 속에서도 누구 하나 짜증을 내거나 불평하지 않았습니다. 오히려 서로 힘들고 어려운 일을 담당하겠다며 손을 들었습니다. 팀장으로 동참한 집사님, 권사님들이 한 입으로 하는 소리가 "어쩌면 청년들이 이렇게 훈련이 잘되어 있어요?"라는 것이었습니다.

저는 청년들이 훈련이 잘되어 있던 것이 아니라, 성령께서 청년들의 마음을 붙잡아주셨다고 생각합니다. 청년들 가운데는 너무 지치고 힘들 때 순간 방심하는 틈을 타서 사탄이 공격하는 것을 경험했다고 말하는 이들도 있었기 때문입니다. 선교를 다녀와서 모두가 고백했던 것은, 중보기도가 아니었다면 이번 선교를 절대 감당할 수 없었다는 것이었습니다. 중보기도가 사탄의 공격을 이겨내며 공동체를 하나로 묶어주는 역할을 했던 것입니다.

일주일 동안 라오스, 미얀마, 태국 치앙마이에서의 선교 사역을 마치고 태국 방콕에 모인 우리는 선교에 대한 감동과 이야기들을 나누며 은혜가 풍성한 시간을 보냈습니다. 그러나 한편으로는, 긴장이 풀려서인지 아니면 상대적으로 어려웠던 선교지에서 벗어나 대도시의 호텔에 묵게 되어서인지, 함께 모인 청년들의 마음이 조금씩 불평과 불만으로 채워지는 것이 느껴졌습니다. 우스갯소리로 자기 팀이 더 힘들고 열악한 지역에 다녀왔다고 말하는 청년들도 있었습니다. 사역 현장에서 각 팀을 하나로 묶어주었던 끈끈한 정(情)이 이제는 전체의 연합을 가로막고 있었습니다. 힘들 때는 오히려 감당할 수 있었던 불편함이 모든 것이 갖추어진 수련회 장소에서는 감당하기 싫은 불편함이 되었고, 서로 간에 보이지 않는 선이 그어진 것 같았습니다.

곧바로 팀장 집사님, 권사님들에게 중보기도를 요청했습니다. 사탄이 청년들의 느슨해진 마음을 공격하고 있다는 것을 말씀드리며 함께 기도하자고 했습니다. 그 중보기도는 자연스럽게 각 팀에게도 전해졌고, 우리가 여전히 영적 전쟁의 한복판에 있다는 사실을 모두가 다시 인지하게 되었습니다.

그 시간 속에서 하나님은 태국 현지 전도를 통해 공동체를 다시 하나로 묶어주셨습니다. 사탄이 아무리 공격해도, 하나님은 그분의 방법으로 사탄의 공격을 이길 힘을 우리에게 허락하십니다. 한국에서는 노방전도 한 번 제대로 해보지 못했던 청년들이 말도 통하지 않는 태국 쇼핑몰에서, 길거리에서, 그리고 가가호호(家家戶戶) 방문하며 예수를 전하고 복음을 전했습니다.

청년들은 태국 현지 성도들과 한 팀이 되어 복음을 전했습니다. 현지 성도들이 복음을 제시하면 청년들은 뒤에서 계속 중보기도를 했습니다. 또 청년들이 복음 메시지가 적혀 있는 부채를 선물로 주며 예수를 전하면 현지 성도들은 통역과 기도로 함께했습니다. 그렇게 두 시간의 짧은 노방전도를 마치고 숙소로 돌아왔습니다.

그런데 돌아오는 길에 공동체의 마음에 이상한 불편함이 생겨났습니다. 저뿐 아니라 함께했던 모든 청년과 팀원들에게 같은 마음이 일어난 것입니다. 공동체를 나누고 있던 보이지 않는 선은 전도하는 동안 이미 사라졌고, 서로 중보기도하고 전도하면서 하나님께서 주시는 같은 마음을 품게 되었습니다. 바로 영혼에 대한 마음이었습니다.

원래는 선교 여정의 마지막 날, 현지 교회에서 주일예배를 드린 후에 짧은 관광을 하고 공항으로 출발하려 했습니다. 그러나 전도를하면서 모든 팀원이 관광 대신에 전도하고 싶은 마음을 품게 된 것입니다. 고생한 청년들에게 비록 짧은 시간이지만 태국의 명소 한 곳이라도 보여주고 싶은 마음에 한국으로 돌아오기 전 짧은 관광을 하고자 했었는데, 오히려 청년들은 그 시간에 한 번 더 노방전도를 하자는 의견을 낸 것입니다. 그때 청년들의 눈빛을 저는 잊을 수가 없습니다. 그들의 눈빛은 다시 선교지를 밟던 그 눈빛으로 변해 있었습니다.

우리는 일정을 변경하여 마지막 날, 주일예배를 드리고 또 밖으로 나가 전도를 했습니다. 너무 더워서 사람들이 나오지 않는 시간이라 집마다 문을 두드리고 들어가 복음을 전하고 하나님의 사랑을 전했습니다. 공동체를 분열시키고자 사탄은 계속해서 청년들의 마음에 이기적인 마음, 불편함을 심어주고자 했지만, 하나님은 정말 하나님의 방법으로 청년들을 끝까지 붙잡아주셨습니다. 전도하는 가운데 함께하던 중보기도가 공동체를 묶어주는 끈이 되었던 것입니다.

끝까지 기도하라

공동체와 중보기도에 대한 마음은 선교가 끝나고도 멈추지 않았습니다. 하나님은 계속해서 청년들에게 공동체를 위한 기도를 하게 하셨고, 중보기도에 대한 마음을 심어주기 원하셨습니다. 격주로 진행되는 청년 금요기도 모임에서도 성령께서는 계속해서 청년 공동체가 하나가 되기를 원하신다는 공동체성을 강조했고, 주일 소그룹 모임 후에 진행되는 중보기도 모임에서도 우리가 공동체를 위해 계속해서 중보기도해야 한다는 마음을 나누었습니다.

2019년 10월, 이렇게 공동체와 중보기도에 대한 마음이 계속되는 가운데 강력한 사탄의 공격이 들어왔습니다. 우리 청년 공동체에서 리더까지 감당하던 아주 귀한 청년이 이단의 미혹에 빠진 것입니다. 처음에는 믿고 싶지 않았습니다. 그러나 그 이단에서 행하는 교육까지 받는다는 사실을 알게 된 제 마음은 완전히 무너져 내렸습니다.

처음에는 분노가 일어났습니다. 그렇게 이단을 주의하라고 경고했는데, 어떻게 이렇게 귀한 자매가 이단에 빠지게 되었는지 너무 화가 났습니다. 그 이단을 찾아가 뒤엎고 싶은 마음까지 들었습니다. 그러다 점차 저에 대한 좌절감과 죄책감이 찾아왔습니다. 그 자매의 소식을 접하기 바로 전 주에 했던 청년예배 설교가 '잃어버린 한 마리의 양'에 대한 것이었는데, 바로 제가 그 귀한 양을 잃어버렸다는 죄책감에 잠을 잘 수가 없었습니다. 잃어버린 한 마리의 양을 찾는 그 목자의 심정이 너무도 적나라하게 읽혀 고통스러웠습니다.

'내가 조금만 더 신경을 썼더라면, 내가 조금만 더 일찍 눈치를 챘더라면, 내가 조금만 더 관심을 가지고 확인을 했더라면….'

이미 늦은 후회였지만, 제가 사랑하는 청년을 이단에 빼앗겨보니 제정신으로 버틸 수가 없었습니다. 좌절감과 죄책감이 극에 달했을 때, 제 마음 가운데 '공동체, 중보기도'라는 두 단어가 다시금 떠올랐습니다.

'아, 이때를 위함인가? 공동체를 위한 중보기도를 요청하시는 것인가?'

그런데 아니었습니다. 무너진 마음으로 기도를 하는데, 하나님께서 주신 음성은 '공동체를 위한 중보기도'가 아니었습니다. 오히려 그 반대로 '중보기도를 하는 공동체'를 원하셨습니다. 특정 사람이나 중보기도팀만 기도하는 것이 아니라, 공동체 전체가 중보기도자가 되기를 원하신 것입니다. 제가 중보기도를 기도의 한 부분, 혹은 특정 프로그램으로만 생각했기에 오히려 중보기도의 능력을 왜곡하고 제한했다는 것을 깨닫게 되었습니다. 하나님은 저의 제한된 고정관념을 계속해서 깨시며 공동체 전체가 중보기도를 하도록 요청하신다는 사실을 그제야 깨달았습니다.

저는 곧 청년 공동체에 선포했습니다. 이단에 빠진 그 자매를 구하기 위해 두세 사람이 모이는 곳에서는 반드시 중보기도로 만남과 모임을 시작하자고 요청했습니다. 제자훈련 모임, 소그룹 모임, 친교의 모임, 동아리 모임, 심방, 심지어 연인끼리 데이트를 하기 전에도 반드시 이 긴급중보기도의 제목을 가지고 기도하자고 부탁했습니다.

하나님이 원하시는 공동체

그때 제게 들린 것은 너무도 분명한 하나님의 음성이었습니다.

'하나님은 지금 기도의 용사 한 사람보다 기도하는 공동체를 원하신다!'

저는 청년들에게 이제 기도하는 공동체, 특히 중보기도하는 공동체를 세워나가야 한다고 강조했습니다. 중보기도는 청년의 때부터 시작되어야 합니다. 아니, 어리면 어릴수록 더욱 좋습니다. 날이 갈수록 나만 좋으면 된다는 개인주의에 익숙해지고 있는 청년세대, 다음세대에게 나보다 타인을 위한 기도를 가르치고 실천한다면, 분명 하나님나라의 소망이 생길 것입니다. 하나님의 나라에 이기주의는 존재하지 않습니다. 하나님의 나라는 공동체의 회복과 성숙, 그리고 하나님의 자녀로서 이타적인 삶을 살기를 추구하기 때문입니다. 중보기도는 사람을 살리는 이타적인 기도입니다. 그러므로 각박해지는 이 시대의 이기주의에 저항하는 방법은 바로 중보기도 공동체를 세우는 것입니다.

그렇게 중보기도에 대한 하나님의 마음이 제게 강하게 들어왔습니다. 피상적으로 해온 중보기도에서 벗어나 구체적이고 실제적인 중보기도를 요청하시는 하나님의 마음이었습니다. 그리고 기도하는 한 사람이 아니라, 기도하는 공동체를 찾고 계시는 하나님의 시선이 보였습니다.

일상에 세워지는 중보기도 공동체

이제 주일 하루만 드리는 예배, 특정한 시간에만 하는 기도에는 소망이 없습니다. 세상이 주일예배를 금지시켰고, 기도의 소리를 막았습니다. 사실, 세상이 막은 것이 아니라 하나님께서 이제는 일상의 예배와 기도를 회복하라고 요청하신 것입니다. 주일에만 그리스도인이 되지 말고, 교회에서만 기도자가 되지 말고, 우리가 살아가는 삶의 자리에서, 일상에서 예배자가 되고 기도자가 되라고 하십니다. 그렇게 삶으로 예배하고 기도하는 자들이 이제는 참된 하나 됨으로 나아가라고 하십니다.

중보기도 공동체는 일상에서의 네트워킹이 더욱 중요합니다. 어디서 무엇을 하든지 하나님께서 보게 하시고, 듣게 하시고, 느끼게 하시는 모든 기도의 제목들을 공유하면서 자신의 자리에서 기도하고 예배하는 것입니다. 이렇게 작은 하나님의 나라가 세워지고, 이렇게 영적인 네트워크는 형성되어 갑니다.

한국교회가 아무리 타락했다 해도, 기도하는 공동체가 여전히 살아 있기에 하나님은 희망을 버리지 않으실 겁니다. 청년들, 다음세대가 세상의 그럴싸한 문화 가운데 허덕이고 있지만, 하나님은 기도하고 있는 청년들, 간절히 부르짖는 다음세대 공동체를 소망하고 계십니다. 이제 하나님의 소망이 헛된 기대가 아니라는 것을 증명해야 합니다.

중보기도. 너무도 당연하게 해왔지만, 얼마나 귀한 기도인지 제대로 알지 못했던 기도에 대한 우리의 지식과 영성이 확장되길 소망합니다. 우리의 입술이 다른 이들을 축복하고 함께 울부짖을 때, 하나님께서는 기도하는 우리의 입술에 집중해주십니다. 이제 그 입술을 다시 열어서 하나님의 일하심을 경험하며 하나님의 음성에 반응하는 우리 모두가 되길 소망합니다.

이진황

PART
01

중보기도
공동체
세우기

chapter **01**

중보기도는
이타적인 기도다

저는 청년들에게 신앙의 본질은 말씀과 기도라고 가르칩니다. 하나님은 다양한 이들을 통해 하나님의 뜻을 전하십니다. 특히, 동시대의 영적 리더들을 통해 하나님의 마음을 계속 전하십니다. 하나님의 마음을 받은 분들이 하나님께서 지금 무엇을 원하시는지 강조하는 것을 듣고 있으면 놀랄 만큼 비슷하다는 사실을 발견합니다. 정말 신기한 일이 아닐 수 없습니다. 그래서 만일 서점에 기도에 관한 책이 많이 나온다면, 그것은 하나님께서 우리에게 '지금이 기도해야만 하는 때'라고 말씀하신다고 보면 될 것입니다.

지금이 정신을 차리고 기도해야 하는 때라면, 저는 그 기도의 때를 놓치고 싶지 않았습니다. 개인적으로도 다시금 불어오는 기도의 바람을 그냥 흘려보낼 수가 없었습니다. 아니, 그 영적인 바람을 느겨보고 싶었습니다. 그래서 기도에 대해 다시 묵상하고, 실제로 하나님께서 원하시는 뜻과 마음이 무엇인지 경험하고 싶었습니다.

그렇게 기도에 대해 계속 묵상하던 중, 하나님께서 저에게 중보기도에 대한 강력한 음성을 주셨습니다. 하나님은 《하나님 음성 듣기》를 통해서 큐티와 기도의 중요성에 대해 알게 하시고, 매일 말씀묵상과 기도로 하나님의 뜻을 구하는 묵상과 기도를 연습시키셨습니다. 그리고 이제는 나, 내 가족, 내 교회를 위한 자기중심적 기도에서 한 걸음 더 나아가 타자를 향한 기도, 공동체를 위한 기도, 나라와 민족을 위한 기도, 교회를 위한 기도, 그리고 하나님의 나라를 위한 기도의 마음을 주셨습니다.

둘 사이에 서서 돕다

'중보(仲保)기도'를 한자로 쓸 때는 사이 중(仲), 지킬 보(保)를 사용합니다. '둘 사이에 서서 돕는다'라는 뜻입니다. 그렇다면 '중보기도'의 뜻은 어떻게 해석하면 좋을까요? '하나님과 인간 사이에 서서 돕는다'라는 의미로 해석하면 될까요? 그런데 이렇게 해석하면 우리는 꽤 심각한 신학적인 지적에 직면하게 됩니다. 하나님과 인간 사이의 중보자는 오직 예수 그리스도 한 분이시기 때문입니다.

그래서 어떤 분들은 '중보기도'라는 말 자체가 비성경적이며, 신앙적으로도 많은 오류를 가져오는 개념이라고 주장하기도 합니다. 심지어 개역개정 성경에는 '중보기도'라는 단어가 사용되지 않습니다.

대신 '도고'(禱告)라는 단어가 사용됩니다(딤전 2:1). 영어성경(NRSV)은 'intercessions'라는 단어를 사용합니다. 중보기도를 영어로 'intercession(intercessory) prayer'라고 표현하는 것을 고려하면, 중보기도가 곧 도고라는 것을 쉽게 알 수 있습니다.

도고의 '도'(禱)는 '빌다, 기도하다, 소망하다'라는 의미를 가지며, '고'(告)는 '고하다, 아뢰다, 여쭈다, (간절히) 하소연하다'라는 의미를 가집니다. 그래서 도고는 우리가 하나님께 간절히 아뢰고, 여쭈고, 하소연하면서 기도하는 것을 의미합니다. 도고의 헬라어 단어는 '엔튜크세이스'인데, 이 단어에는 '청원'(petition), '기도'(prayer), '중재'(intercession)의 의미가 있습니다. 중요한 점은, 이런 의미를 설명하면서 다음과 같은 부연 설명이 뒤따른다는 것입니다: '하나님의 뜻에 협조하는 이들과 같은 믿음의 사람들의 청원이나 중재.' 이는 하나님께 도고를 하는 이들은 '하나님의 뜻에 따르는 사람들, 하나님의 뜻에 합한 믿음의 사람들'이라는 의미입니다.

이런 의미에서 '도고'를 '중보기도'라는 단어와 동의어로 사용한다면, 중보기도는 '하나님과 인간 사이의 중보자 되시는 예수 그리스도와 같은 중보자로서 기도하는 것'이 아니라, '하나님의 뜻에 따르는 믿음의 사람, 하나님께 간절히 부르짖을 수밖에 없는 자로서 기도하는 것'을 뜻합니다. 그래서 디모데전서 2장 1절 말씀의 '도고'라는 단어를 새번역과 쉬운성경에서는 '중보기도'라는 단어로 표현했고, 공동번역에서는 '간청', 우리말성경에서는 '중보의 기도'라는 표현으로 거리낌 없이 사용하는 것 같습니다.

타인을 위한 간절한 울부짖음

"하나님은 한 분이시요 또 하나님과 사람 사이에 중보자도 한 분이시니 곧 사람이신 그리스도 예수라"(딤전 2:5).

이 말씀 때문에 '중보'라는 말을 예수 그리스도에게만 써야 한다고 주장하는 이들이 있습니다. 하지만, 여기서 '중보자'는 '중재자'라는 단어로 번역하는 것이 더 적절하며, 실제로 공동번역과 현대어성경에서는 '중재자'라는 단어로 번역했습니다. '중보'라는 단어를 너무도 고상한 단어로 생각하여 예수 그리스도에게만 사용해야 한다는 주장은 이 단어를 너무 제한하는 것이 아닐까 생각합니다.

예수 그리스도의 중보는 중재, 혹은 화해(reconciliation)의 의미며, 단절되었던 하나님과 관계의 회복, 곧 영생과 구원의 문제에서 사용됩니다. 즉, 본질적으로 사용하는 의미가 다릅니다. 그렇기에 우리가 '중보기도'라는 단어를 사용하는 것이 예수 그리스도의 거룩을 훼손하는 것은 아니며, 우리가 하나님과 인간 사이의 막힌 담을 헐거나 그 단절되었던 관계를 회복시키는 중재자라는 의미도 아니라는 것을 먼저 분명하게 해두고 싶습니다.

우리의 중보기도는 '하나님 앞에서 하나님의 뜻에 따르고자 몸부림치는 한 사람의 간절한 하소연'입니다. 하나님께서 창조하신 피조세계를 바라보면서, 창조하신 하나님의 뜻과 전혀 다른 왜곡된 모습으로 일그러져가는 이 세상을 바라보면서 하나님께 '제발 좀 살려 달라'는 간절한 울부짖음입니다. 그 이상도, 그 이하도 아닙니다. 그리고 가장 중요한 점은, 하나님께서는 '중보기도'라는 단어의 사용법이 정확한지를 따지시는 것이 아니라, 우리가 기도할 때 그 기도에 담겨 있는 간절함과 진정성, 그리고 하나님에 대한 전적인 믿음을 보신다는 사실입니다.

하나님께서 수많은 기도 가운데 중보기도에 더 귀를 기울이실 수밖에 없는 이유는, 이 기도가 자기중심적인 기도가 아니라 이타적인 기도, 곧 다른 사람들을 위한 기도이기 때문입니다. 참된 중보기도는 하나님나라의 가치관을 담고 있습니다. 하나님나라는 하나님께서 통치하시는 나라입니다. 예수님의 가르침에 그 하나님나라의 가치관이 담겨 있습니다. 바로 하나님 사랑과 이웃 사랑입니다. 중보기도는 정확하게 하나님 사랑과 이웃 사랑을 담고 있는 기도, 하나님 사랑과 이웃 사랑을 실천하는 기도입니다.

이웃 사랑의 기도

누가복음 10장에 보면, 소위 '선한 사마리아인의 비유'라고 일컬어지는 이야기가 나옵니다. 이 비유는 어떤 율법 선생이 예수님을 시험하기 위해 영생에 대한 질문을 하는 것으로 시작합니다. 예수님은 어떻게 하면 영생을 얻을 수 있냐는 그 율법 선생의 질문에 율법에 어떻게 쓰여 있는지를 되물어보십니다. 율법 선생은 신명기 6장 5절의 쉐마와 레위기 19장 18절의 말씀을 인용하여 대답합니다.

"대답하여 이르되 네 마음을 다하며 목숨을 다하며 힘을 다하며 뜻을 다하여 주 너의 하나님을 사랑하고 또한 네 이웃을 네 자신같이 사랑하라 하였나이다"(눅 10:27).

주님은 그 율법 선생의 대답이 옳다고 하시며, 알고 있는 그대로 실천하면서 살아가라고 말씀하십니다. 그런데 이 율법 선생이 한 가지 질문을 더 합니다.

"내 이웃이 누구입니까?"

율법 선생의 이 질문에 예수님은 선한 사마리아인의 비유로 대답하십니다.

"하나님을 사랑하는 것처럼 이웃을 사랑하라."

이것이 주님이 우리에게 주시는 하나님나라의 가치관입니다. 하나님의 나라를 이 땅에서 세워나가야 하는 그리스도인이라면, 이 가치관을 잊어버려서는 안 됩니다. 하나님을 사랑하는 것에만 열심을 내면, 그것은 율법 선생과 다를 바가 없습니다. 율법 선생의 "내 이웃이 누구입니까?"라는 질문은 그의 부족함을 여지없이 보여줍니다. '나는 평생 하나님만 사랑했지, 이웃을 사랑해본 적이 없다'라는 것입니다. 혹은 함께 어울리는 종교 지도자들 정도만 자신의 이웃이라고 생각했을 것입니다. 모든 사람이 피하는 사마리아 사람은 이웃으로 여겨본 적이 없는 것입니다. 선한 사마리아인의 이야기에 등장하는 레위인이나 제사장들이 율법 선생의 이웃이지, 사마리아 사람이나 율법적으로는 부정하게 피를 흘리고 있는 자들이 율법 선생의 이웃은 아니었습니다. 주님은 율법 선생의 마음을 정확하게 꿰뚫고 계셨습니다.

주님이 우리에게 요청하시는 중보기도는 우리가 하나님을 사랑하는 것처럼, 우리의 이웃을 사랑하는 기도입니다. 하나님이 원하시는 중보기도는 하나님을 사랑하는 우리의 마음이 고스란히 이웃을 위한 기도에도 담기는 것입니다. 아무리 영생의 답을 알고 있다 하더라도, 이웃이 누구인지도 모르면서 사랑을 베풀 수는 없습니다.

또 이웃의 범주를 자기중심적으로 제한해서도 안 됩니다. 하나님의 사랑이 필요한 이들이라면 누구나 우리의 이웃이 되어야 합니다. 그래서 우리의 중보기도의 범주는 우리가 정할 수 없습니다. 하나님의 사랑이 필요한 이들이라면, 그리고 하나님께서 사랑하시는 이들이라면 모두가 우리의 기도 대상입니다.

대체 어디까지

이런 질문을 할 수 있습니다.

'만약 내 자식을 죽인 살인범이 있다면, 우리는 그를 위해서도 중보기도를 해야 하는가?'

'나에게 막대한 피해를 준 사기꾼을 위해서도 중보기도를 해야 하는가?'

'원수 같은 그를 위해서도 중보기도하는 것이 가능한가?'

〈밀양〉이라는 영화가 있습니다. 여주인공 신애(전도연 분)는 남편을 잃고 남편의 고향인 밀양으로 아들 준이와 함께 내려옵니다. 사람들에게 무시당하지 않기 위해서 돈이 많은 것처럼 행동하는 신애에게 어느 날 불의의 사고가 발생합니다. 아들 준이가 납치를 당하고, 결국에는 싸늘한 주검으로 발견된 것입니다.

정상적인 생활을 할 수 없었던 신애는 우여곡절 끝에 교회에 다니면서 소위 '은혜'라는 것을 경험합니다. 그리고 교회 구역예배를 드리다가 아들을 죽인 살인범을 용서하겠다고 고백합니다. 굳이 찾아가서 하지 않아도 되는 용서를, 신애는 그 살인범의 얼굴을 보면서 용서를 하겠다고 고집을 부리지요. 그러나 교도소에 복역 중인 살인범의 미소는 너무도 평온했습니다. 하나님의 은혜와 사랑을 전해주러 왔다는 신애에게 살인범은 '이미 하나님께서 나를 용서하셨고, 내 마음이 평안하다'라고 말합니다. 신애는 충격을 받습니다.

"내가 그 인간 용서하기도 전에 어떻게 하나님이 먼저 용서할 수 있어요... 난 이렇게 괴로운데... 그 인간은 하나님의 사랑으로 용서받고 구원받았어요... 어떻게 그러실 수 있어요..."

저는 이 영화가 기독교를 비판만 한다고 생각하지 않습니다. 오히려 이 시대 그리스도인들의 천박한 영성과 불확실한 믿음을 적나라하게 보여주고 있다고 생각합니다. 이 영화 속 신애의 모습이 오늘 우리 그리스도인들의 현실일 수도 있습니다. 겉으로는 믿음이 좋은 척하지만, 결국은 내 안에서 해결되지 않는 문제를 안고 끙끙대며 살아가는 그리스도인, 속은 곪아 썩어가고 있는데, 겉으로는 아닌 척, 성령충만한 척하며 살아가야만 하는 이 시대의 불쌍한 그리스도인 말입니다.

신애의 치명적인 오류는 자기 과신이었습니다. 은혜를 받은 자신의 모습에 취한 것입니다. 뭐든지 다 할 수 있을 것 같고, 무슨 일이든 용서할 수 있을 것 같은 영적 판타지에 빠진 것입니다. 이런 이들이 현실의 쓴 쑥(계 8:11)을 경험하게 되면, 자기 신앙의 밑바닥을 보고 좌절합니다.

겸손한 기도

중보기도를 하면 할수록, 내가 누구를 위해서 하는 기도의 분량보다 나를 먼저 사랑하시고 용서하신 하나님의 한량없는 은혜를 더 많이 경험하게 됩니다. 그래서 중보기도의 능력을 제대로 경험하면 기도의 대상에 대해서 고민하지 않게 됩니다. 어떤 사람에 대해서 속상하면 속상한 대로, 간절하면 간절한 대로, 고마우면 고마운 대로, 화가 나가면 화가 나는 대로 하나님께 기도하게 됩니다. 내 감정보다 하나님의 뜻에 모든 것을 맡기고 주의 일하심을 보겠다며, 겸비함 가운데 무릎을 꿇는 것입니다.

• 중보기도는 내가 영적으로 우월해서 다른 이들을 긍휼히 여기는 기도가 아닙니다. 오히려 하나님 앞에서 나를 긍휼히 여겨달라고 고백

하는 기도입니다.

- 중보기도는 내가 다른 이를 사랑할 수 있다는 기만에서 나오는 기도가 아닙니다. 오히려 하나님의 사랑이 나에게 차고 넘치기에, 그 사랑을 주체할 수 없어 흘려보내는 기도입니다.

- 중보기도는 내가 하나님의 마음을 전할 수 있다는 착각에서 하는 기도가 아닙니다. 오히려 내가 지금, 이 시간, 이 자리에서 하나님의 마음을 경험하게 해달라는 간구입니다.

- 중보기도에는 절대 교만이 있을 수 없습니다. 중보기도에는 겸비함과 겸손만 있을 뿐입니다.

- 중보기도의 주체는 절대 내가 아닙니다. 내 안에 살아 계신 성령의 음성을 좇아서 하는 기도입니다.

이와 같이 성령도 우리의 연약함을 도우시나니 우리는 마땅히 기도할 바를 알지 못하나 오직 성령이 말할 수 없는 탄식으로 우리를 위하여 친히 간구하시느니라 마음을 살피시는 이가 성령의 생각을 아시나니 이는 성령이 하나님의 뜻대로 성도를 위하여 간구하심이니라 롬 8:26,27

우리의 연약함을 아시는 성령께서는 우리를 위해서 친히 간구(중보)하십니다. 중보기도는 하나님의 뜻을 구하는 자들, 하나님의 뜻에 합한 자들이 하는 기도입니다. 그 이유는 성령께서 우리를 그렇게 만들어나가시기 때문입니다. 내 안에 살아 계신 하나님은 지금도 우리의 생각과 마음을 주관하십니다. 마음을 살피시는 하나님께서 우리를 향한 성령의 계획을 이미 알고 계십니다. 그 성령의 음성을 따라갈 때, 비로소 우리가 마땅히 기도할 바를 깨닫게 됩니다. 그래서 중보기도에는 나를 드러낼 필요도, 드러낼 자격도 없습니다. 우리는 그저 하나님의 음성을 따라서 기도할 뿐입니다.

순종의 기도

내가 나를 드러내고 싶어지면, 우리는 내 기도에 대한 보상을 원하게 됩니다. 마치 신애가 살인범을 용서함으로 자기의 믿음을 드러내고 싶어 했던 것처럼, 우리는 중보기도를 하면서 어떤 보상을 기대하는 심리를 가지게 됩니다. 하나님은 이것을 꺾으십니다.

중보기도의 주인은 하나님이십니다. 중보기도의 원천(原泉)은 내 안에 계신 성령입니다. 그러므로 내가 마주하고 싶지 않은 이들, 원수와 같은 이들을 생각나게 하시고 기도하게 하신다면, 일단 우리의 감정보다 하나님의 그 음성에 순종하는 편이 우리에게 더 유익할 것입니다. 물론 너무 힘들지만, 하나님의 뜻이 거기에 있다면 먼저 우리의 순종을 하나님께 드리는 것입니다.

성경은 순종이 제사보다 낫다고 말합니다. 우리가 하는 중보기도의 방향성은 늘 타자를 향해야 합니다. 성령께서 보게 하시는 이들, 성령께서 마주하게 하시는 삶의 현장들, 성령께서 듣게 하시는 문제들, 성령께서 감동을 주시는 기도의 제목들을 놓고 하나님의 뜻을 구하면서 하나님의 임재 안으로 더 깊이 들어가는 기도를 하는 것입니다. 이것이 바로 중보기도입니다.

왜 중보기도가 이타적인 기도입니까? 그것은 결국 하나님의 관심이 내가 아닌 우리, 내 공동체와 교회만이 아니라 하나님의 나라를 세워나가는 모든 교회와 공동체에 있기 때문입니다. 이 세상은 하나님을 거부하고 외면하지만, 하나님은 창조하신 피조 세계를 절대 포기하지 않으십니다. 우리는 이제 그 하나님의 마음을 품고 기도해야 합니다.

중보기도는 하나님께서 우리에게 허락하신 축복이자 특권입니다. 어떻게 감히 우리가 하나님의 뜻과 마음을 품을 수 있겠습니까? 절대 그럴 자격이 없지만, 하나님께서는 중보기도하는 이들에게 당신의 마음을 품게 하시고, 당신의 뜻을 이루어나갈 수 있도록 동행하십니다.

그래서, 중보기도에 성령의 능력이 나타날 수밖에 없습니다.

그래서, 중보기도는 살아 계신 하나님의 일하심을 볼 수 있는 통로입니다.

그래서, 중보기도는 하나님의 나라를 세워나가고자 하는 우리의 의지를 요청합니다.

이렇게 귀한 중보기도, 바로 지금부터 실천해봅시다.

중보기도훈련

회개와 성령 임재의 기도

1. 회개의 기도

중보기도를 시작하기 전, 나의 죄를 하나님 앞에서 회개합니다. 하나님께서 가증하게 여기시는 음란, 시기, 질투, 분노, 무절제, 탐욕, 거짓, 성령 모독 등의 죄를 십자가에 못 박아야 합니다. 내 안에 계신 성령의 음성에 따라 기도하기 위해서는 그 성령의 음성을 들어야 합니다. 성령의 음성을 가리는 죄의 얼룩들을 십자가의 보혈로 정결하게 해야 합니다.

회개하십시오.
입술만의 회개가 아니라, 내 속의 더러움을 모두 토해내는 회개의 기도를 하시기 바랍니다.

이르시되 때가 찼고 하나님의 나라가 가까이 왔으니 회개하고 복음을 믿으라 하시더라 막 1:15

하나님의 뜻대로 하는 근심은 후회할 것이 없는 구원에 이르게 하는 회개를 이루는 것이요 세상 근심은 사망을 이루는 것이니라 보라 하나님의 뜻대로 하게 된 이 근심이 너희로 얼마나 간절하게 하며 얼마나 변증하게 하며 얼마나 분하게 하며 얼마나 두렵게 하며 얼마나 사모하게 하

며 얼마나 열심 있게 하며 얼마나 별하게 하였는가 너희가 그 일에 대하여
일체 너희 자신의 깨끗함을 나타내었느니라 고후 7:10,11

---

2. 성령 임재의 기도

성령께서 우리의 내면 가운데 역사하시기를 소망하는 성령 임재의 기도
를 합니다. 예수 그리스도께서는 우리에게 보혜사 성령님을 보내주겠다
고 약속하셨습니다. 우리가 예수를 주(主)로 고백하고, 우리의 구원자로
입으로 시인할 때, 성령은 이미 우리 가운데 와 계십니다. 이 성령께서 연
약한 우리를 지키시고, 우리가 기도해야 할 모든 것들을 생각나게 하십
니다. 내 생각과 방법, 고집과 지식으로 하는 기도가 아니라, 성령께서
허락하시는 기도를 할 수 있도록 간절히 구하십시오.

간절히 성령님을 부르십시오.
내 마음의 더러움을 태우신 성령께서, 이제 정결한 내 내면을 채워달라고
부르짖으며 기도합시다.

내가 아버지께 구하겠으니 그가 또 다른 보혜사를 너희에게 주사 영원토록 너희와 함께 있게 하리니 그는 진리의 영이라 세상은 능히 그를 받지 못하나니 이는 그를 보지도 못하고 알지도 못함이라 그러나 너희는 그를 아나니 그는 너희와 함께 거하심이요 또 너희 속에 계시겠음이라 내가 너희를 고아와 같이 버려두지 아니하고 너희에게로 오리라 요 14:16-18

보혜사 곧 아버지께서 내 이름으로 보내실 성령 그가 너희에게 모든 것을 가르치고 내가 너희에게 말한 모든 것을 생각나게 하리라 요 14:26

---

chapter **02**

한 사람은
연약하지만,
공동체는
강하다

　처음 중보기도에 대한 마음을 받았을 때, 개인적으로는 그렇게 큰 감동이나 마음의 부담으로 다가오지는 않았습니다. 지금 섬기고 있는 교회에서도 중보기도센터가 운영되고 있었고, 저 역시 한 사람의 중보기도자로서 중보기도 릴레이에 참여하고 있었기 때문입니다. 그래서 지금 하는 중보기도를 더 열심히 하면 된다는 생각만 하고 있었습니다. 처음 중보기도에 대한 마음을 받은 시점이 단기선교를 앞에 두고 있던 때라서 선교 프로젝트를 책임지고 있는 저에게 선교를 위해서 더 기도하라는 뜻으로 받아들였습니다.

　그런데 앞서도 말했지만, 하나님은 계속해서 중보기도와 공동체에 대한 마음을 부어주셨고, 곧 걷잡을 수 없는 부담감으로 다가오기 시작했습니다. 결국 저는 하나님께 도대체 어떤 중보기도를 원하시는지 묻게 되었습니다. 제가 하나님께서 원하시는 방향을 못 찾고 있는 것 같았습니다. 중보기도와 공동체에 대한 마음을 주셨다는 사실 때문에, 단순히 공동체를 위한 중보기도의 중요성에만 매몰되어 있었습니다. 그러나 기도를 하면서, 말씀을 묵상하면서 하나님이 원하시는 방향성은 다르다는 것을 깨닫게 되었습니다.

공동체로 드리는 중보기도

하나님은 공동체 전체가 중보기도하기를 원하셨습니다. 한 사람, 한 사람이 아닌, 공동체 전체가 이타적인 기도를 하는 중보기도 공동체가 되라는 것이었습니다. 주님은 왜 하필 중보기도 공동체가 되라고 하셨을까요? 우리 한 사람은 너무 연약하기 때문입니다.

우리는 우리 자신이 얼마나 연약한지 너무 잘 알고 있습니다. 일상에서 잘 지내다가도 불현듯 두려움이 찾아올 때가 있습니다. 그때가 바로 스스로 연약함을 느끼는 때입니다. 순간 자신감이 사라지는 이유도 숨어 있던 연약함이 드러나기 때문입니다. 그래서 우리가 자신의 연약함을 최대한 빨리 인정할수록 하나님의 개입하심을 경험할 수 있습니다. 바울은 하나님께서 우리의 연약함을 사용하사 강한 자들을 부끄럽게 하신다고 말합니다.

그러나 하나님께서 세상의 미련한 것들을 택하사 지혜 있는 자들을 부끄럽게 하려 하시고 세상의 약한 것들을 택하사 강한 것들을 부끄

하나님의 개입하심을 경험할 수 있는 가장 좋은 방법은, 바로 나
의 연약함을 하나님 앞에 솔직하게 고백하고, 모든 삶의 주도권을
하나님께 내어드리는 것입니다. 그러나 이것은 너무도 어렵습니다.
세상의 가치관과 방법에 너무 익숙해져 있기에 문제와 어려움 앞에
서는 세상의 방법에 먼저 시선을 돌리고 마음을 빼앗기게 됩니다. 하
나님은 바로 이것을 경계하라고 요청하십니다. 하나님은 세상보다
하나님께 집중하고, 내 방법과 선택보다는 하나님의 음성에 귀를 기
울일 것을 요청하십니다. 내 자아가 크면 클수록 하나님의 음성을
들을 수 없으며, 하나님의 방법과 개입하심도 부담스럽게 느껴지기
만 합니다. 그런 존재가 바로 우리입니다.

하나님의 개입하심은 철저한 힘의 전복(顚覆)을 의미합니다. 세상
이 아무리 강하고 우는 사자와 같이 우리를 집어삼키려 할지라도,
하나님의 일하심은 창조주의 포효이며, 하나님의 아들을 우리에게
내어주실 정도의 엄청난 사랑의 증거입니다. 그래서 하나님은 연약
한 자들을 찾으시고, 그 연약한 자들을 사용하기 원하십니다. 연약
하지만 하나님을 아는 자, 연약하지만 하나님을 인정하는 자, 연약
하지만 하나님을 전적으로 의지하는 자를 찾으시고 그들을 사용하

십니다. 그것이 하나님의 방법입니다.

하나님이 묶어주시는 공동체

하나님은 그런 연약한 자들을 공동체로 부르십니다. 연약해 보이는 자들, 그러나 절대 그 내면은 연약하지 않은 자들을 부르십니다. 그리고 그들을 기도의 끈으로 묶어주십니다. 기도의 공동체를 만드시고, 그들의 부르짖음을 기다리십니다. 그리고 그들의 간절함으로 인해 하나님께서 역사하십니다.

중보기도 공동체는 우리의 의지로 모이는 것이 아닙니다. 하나님께서 묶어주시고 불러주십니다. 성령께서 우리 마음에 '중보기도'라는 영적인 씨앗을 심어주시고, 그 씨앗이 조금이라도 자라서 싹을 틔우는 이들을 공동체로 묶어주시는 듯합니다. 이런 작은 변화들이 모일 때, 더 큰 힘을 얻게 됩니다.

중보기도의 공동체는 큰 단위의 공동체만을 말하지 않습니다. 내 모든 기도의 제목을 온전히 함께 나눌 수 있는 한 사람, 두 사람, 설령 소수라 할지라도 하나님께서 중보기도의 공동체로 묶어주시는 모든 공동체를 의미합니다.

사실, 우리 청년 공동체는 중보기도 훈련이 잘 되어 있지 않았습니다. 소그룹 안에서 매주 기도의 제목을 나누기는 하지만 형식적일 때가 많았습니다. 어느 때는 한 달간 소그룹 안에서 나누는 중보기도제목이 변하지 않는 청년들도 있었습니다. 그만큼 청년들이 기도의 훈련, 특히 중보기도의 훈련이 제대로 되어 있지 않았었습니다. 그래서 고민 끝에, 격주 금요일마다 기도 모임으로 모이기 시작했습니다.

처음에는 4명으로 시작했습니다. 첫 기도 모임의 그 어색함과 뻘쭘함을 지금도 잊을 수 없습니다. 청년기도 모임은 중보기도 모임이었습니다. 물론 자신의 기도제목을 가지고 기도하지만, 기도 시간의 4분의 3은 중보기도였습니다. 나라와 민족을 위한 기도, 교회와 청년 공동체를 위한 기도, 이 시대의 청년들과 청년 공동체를 위한 기도, 지역의 청년 복음화를 위한 기도를 잊지 않고 했습니다.

그렇게 시작한 청년 금요기도 모임은 3년이 지나면서 50여 명의 청년이 모여 꾸준히 기도하는 모임이 되었습니다. 많은 인원이라고 할 수는 없지만, 중요한 것은, 청년들이 꾸준히 중보기도하는 시간을 가지게 되었다는 것입니다. 그들은 이 금요기도 시간을 기다리고 있었습니다. 또한 중보기도의 역량이 성장하여 이제는 소그룹뿐만 아니라 청년들의 사(私)모임에서도 중보기도에 대한 고백과 나눔이 자연스러운 일상이 되었습니다.

나누는 것에서 시작되는 중보기도

자연스럽게 기도제목을 나눌 수 있고, 언제든지 함께 기도할 수 있는 것은 너무도 자연스러운 믿음의 공동체의 모습입니다. 지금 우리가 돌아봐야 하는 것은 너무도 자연스러운 이 모습이 어느 순간 교회에서 어색해지지는 않았는가 하는 것입니다.

중보기도 모임을 하자고 하면 첫 번째로 나오는 반응이 '기도제목 나누는 것이 부담스럽다' 또는 '기도는 혼자 하는 것이 좋다'라는 것입니다. 개인의 차이는 있겠지만, 신앙생활은 혼자 하면 어렵습니다. 기도 역시 혼자 하는 것보다 같이 할 때 끈질기게 붙잡고 기도할 수 있습니다. 물론, 개인의 영성을 위한 기도는 혼자 해야 합니다. 하나님과 나와의 단독 시간이 충분히 보장되어야 합니다. 그러나 중보기도는 이타적인 기도, 다른 사람들을 이롭게 하는 기도라고 했습니다. 그러므로 나 혼자보다는 공동체가 함께 중보기도의 제목을 나누고 기도하는 것이 더 유익하다고 생각합니다.

기도제목을 나누는 것에서부터 우리는 이미 중보기도를 하는 것이고, 다른 이들의 기도제목을 듣고 쓰고 읽는 것에서부터 중보기도는 시작됩니다. 그래서 기도제목을 나누는 것이 참 중요합니다. 그리고 그 기도제목은 구체적으로 나누는 것이 좋습니다. 추상적인 기도제목을 나누면, 다른 이들이 나의 구체적인 상황을 모르기 때문에 기도제목을 나눈 의도와 다르게 기도할 수도 있습니다. 서로 다른 상황들을 모두가 다 알 수는 없으므로 기도제목은 최대한 구체적으로 나누어서 그 기도제목을 읽는 것만으로도 중보기도를 할 수 있도록 해야 합니다.

물론 하나님은 기도제목을 내놓은 이들의 상황과 형편을 아십니다. 이것을 부인하는 것이 아닙니다. 그러나 우리가 적어도 중보기도의 제목을 나눈다고 할 때는, 함께 기도하는 이들이 더 정확하게 하나님께 아뢸 수 있도록, 그리고 나중에 정말 그 기도가 응답되었을 때 함께 기쁨을 누릴 수 있도록 구체적으로 나누는 것이 좋습니다. 그래서 공동체가 분명한 기도제목을 가지고 함께 기도의 힘을 모을 수 있게 만들어야 합니다.

사무엘상 1장을 보면, 사무엘의 어머니 한나가 자식을 낳지 못하는 괴로움으로 여호와의 전에서 통곡하며 기도하는 장면이 나옵니다. 성경은 한나가 "마음이 괴로워서 여호와께 기도하고 통곡하며"(삼상 1:10)라고 설명합니다. 그 모습을 본 엘리 제사장은 한나가 술에 취한 줄로 생각해서 그녀를 나무랍니다.

> 그가 여호와 앞에 오래 기도하는 동안에 엘리가 그의 입을 주목한즉 한나가 속으로 말하매 입술만 움직이고 음성은 들리지 아니하므로 엘리는 그가 취한 줄로 생각한지라 엘리가 그에게 이르되 네가 언제까지 취하여 있겠느냐 포도주를 끊으라 하니 한나가 대답하여 이르되 내 주여 그렇지 아니하니이다 나는 마음이 슬픈 여자라 포도주나 독주를 마신 것이 아니요 여호와 앞에 내 심정을 통한 것뿐이오니 당신의 여종을 악한 여자로 여기지 마옵소서 내가 지금까지 말한 것은 나의 원통함과 격분됨이 많기 때문이니이다 하는지라 삼상 1:12-16

한나는 여호와의 전에서 오랫동안 기도했습니다. 그러나 엘리는 한나의 상황을 알지 못했고, 그녀가 기도하는 줄도 몰랐습니다. 술에 취해 여호와의 전에서 술주정하는 것으로 오해했던 것입니다. 제사장은 하나님께서 중보자로 세우신 사람입니다. 백성의 죄를 하나님께 고하여 속죄의 은혜를 전하기도 하고 그들의 기도를 하나님께 올리기도 하는 사람입니다. 그러나 한나와 엘리 사이에는 정확한 기도제목이 나누어지지 못했고, 결국 엘리는 마음이 괴로운 한나를 오해한 것입니다.

한나가 호되게 나무라는 엘리에게 자신의 상황을 설명하고 나서야, 엘리는 한나의 기도제목을 알게 되었습니다. 한나의 내면에 가득한 원통함과 분함, 그 서러움을 알게 되었습니다. 그러자 엘리가 말합니다.

엘리가 대답하여 이르되 평안히 가라 이스라엘의 하나님이 네가 기도하여 구한 것을 허락하시기를 원하노라 하니 이르되 당신의 여종이 당신께 은혜 입기를 원하나이다 하고 가서 먹고 얼굴에 다시는 근심 빛이 없더라 삼상 1:17,18

한나가 엘리에게 자신의 기도제목을 이야기한 후에야 엘리는 한나를 축복합니다. 한나의 마음은 평안해졌고, 얼굴에서 근심 빛이 사라졌습니다.

기도제목을 나누는 것에서부터 중보기도는 이미 시작됩니다. 기도제목을 나눌 수 있는 이들은 기도의 동역자가 됩니다. 어려운 상황 가운데서 기도의 동역자가 있다는 것만큼 귀한 위로가 어디 있겠습니까? 우리에게 중보기도는 각개 전투가 아니라 연합 훈련입니다. 홀로 싸워서는 이 싸움에서 승리할 수 없습니다. 서로의 부족한 부분을 나누고 이해하고 보충해가면서 싸워야 합니다.

연합을 이루는 중보기도

사탄은 계속해서 중보기도 모임을 해체하려 할 것입니다. 자신의 문제에만 집중하게 하고, 연약함만을 보게 하고, 기도제목 나누는 것을 마치 자신의 치부를 공개하는 것처럼 생각하게 할 것입니다. 그것은 모두 사탄의 속임수이자 꾀임입니다. 예수의 이름으로 기도하는 자들에게는 사탄의 공격이 늘 뒤따릅니다. 홀로 있으면 그 공격에 당할 수밖에 없습니다. 그래서 공동체로 모이는 것이고, 중보기도 공동체라는 끈끈한 밴드로 묶여야 합니다.

저는 청년 공동체에 어려운 일이 발생하면 언제나 청년들에게 중보기도를 요청했습니다. 두세 사람이 모이는 곳곳에서 공통된 중보기도의 제목을 가지고 기도하자고 했습니다. 공동체 안에서 연인 관계인 청년들이 데이트하러 만나서도 중보기도로 시작하고, 제자훈련을 포함한 각종 훈련에서도, 목장 모임 외에 주중에 놀기 위해 만나더라도 꼭 중보기도로 만남을 시작하라고 요청했습니다.

처음에는 어색하고 쑥스러워서 못하기도 하고 넘어가기 일쑤였습니다. 그러나 시간이 지날수록 중보기도의 중요성을 체감하고, 또 자신이 중보기도 공동체의 한 부분을 담당하고 있다는 사실을 인지하면서 중보기도를 삶 속에서 실천해나가기 시작했습니다. 이런 중보기도는 팬데믹 상황에서도 끊어지지 않고, 몇몇의 청년들은 온라인 상에서 기도제목을 나누고 함께 중보기도하는 시간을 이어나갔습니다. 그 청년들이 고백하는 것은 함께 만나고 싶어도 그러지 못하는 상황에서 나누는 중보기도의 제목이 더 간절하고, 중보기도의 능력도 더 강함을 느꼈다는 것입니다.

중보기도 공동체는 교회 공동체의 필수적인 수식어가 되어야 합니다. 또 다른 정체성이 되어야 합니다. 우리는 세상의 풍조를 쉽게 이겨낼 수 없습니다. 세상은 계속해서 교회를 공격하며, 사회, 정치, 윤리적인 이슈로 교회 안에서도 서로 대립하게 만들고 있습니다. '연합'이라는 가치를 비웃듯, 많은 교회와 교단들이 분열의 위기 앞에 서 있거나 분열을 경험하고 있습니다. 본질을 왜곡하는 교회를 바라보면서 세상이 하나님나라를 조롱하게 만들고 있습니다. 이런 시대 속에서 교회를 하나로 연합하게 만들 수 있는 정체성이 있다면, 중보기도 공동체가 아닐까 생각해봅니다.

중보기도 공동체는 연약한 자들이 모이는 공동체입니다. 하나님 앞에서 내 의를 드러내는 자들, 내 지식과 경험, 전통과 법을 내세우는 자들이 모이는 공동체가 아닙니다. 내 무기가 될 수 있는 것들을 내려놓고, 하나님 앞에서 겸손과 겸비함으로 서는 자들이 모이는 공동체입니다. 하나님의 개입하심을 간구하는 이들이 모이는 공동체가 바로 중보기도 공동체입니다. 그래서 이 공동체가 어려운 것이지요. 그러나 어려운 만큼 하나님 역사의 증인이 될 수 있습니다. 우리가 하나님께 집중할 때, 비로소 하나님을 볼 수 있습니다.

바울은 말합니다.

> 하나님의 은혜를 헛되이 받지 말라 … 보라 지금은 은혜 받을 만한 때요 보라 지금은 구원의 날이로다 고후 6:1,2

중보기도 공동체는 하나님의 은혜를 경험하는 자들, 그리고 그런 이들이 계속 하나님의 은혜를 선포하는 공동체입니다. 아무리 세상이 어리석게 바라본다고 해도 두려워할 것이 없습니다.

> 우리는 속이는 자 같으나 참되고 무명한 자 같으나 유명한 자요 죽은 자 같으나 보라 우리가 살아 있고 징계를 받는 자 같으나 죽임을 당하지 아니하고 근심하는 자 같으나 항상 기뻐하고 가난한 자 같으나 많은 사람을 부요하게 하고 아무것도 없는 자 같으나 모든 것을 가진 자로다 고후 6:8-10

바울의 이 고백이 바로 중보기도 공동체로 모이는 우리의 고백이자 자세라고 생각합니다. 우리는 세상에 대해 당당히 말할 수 있어야 합니다. 그리고 우리의 입술로 계속 선포해야 합니다.

하나님과 함께 일하는 자들이 모인 공동체가 바로 중보기도 공동체입니다. 그래서 우리는 오늘도 중보기도 공동체로 모여야 하며, 우리의 중보기도를 멈추지 말아야 합니다.

중보기도 공동체 선포, 중보기도 동역자 세우기

1. 중보기도 공동체 선포

중보기도 공동체로 부르신 하나님의 요청에 반응하시기 바랍니다. 우리의 연약함이 이제는 하나님의 손에 붙들린 무기가 될 것입니다. 우리 한 사람은 연약하지만, 하나님께서 우리를 모으시고 강한 중보기도의 군대로 만드십니다. 하나님의 개입하심은 철저한 힘의 전복입니다. 세상의 가치관과 충돌하고, 세상의 관점으로 미련하고 우둔해보일지 모르지만, 우리의 중보기도는 창조주 하나님께서 이 세상을 고쳐나가시고 다시 재창조해나가시는 선포가 될 것입니다. 바울의 고백을 묵상하고 선포하시기 바랍니다. 나의 연약함을 사용하실 하나님을 찬양하시기 바랍니다.

선포하십시오.
하나님은 연약한 우리를 중보기도 공동체로 부르시고, 세상의 강한 자들을 부끄럽게 하실 것입니다.

우리는 속이는 자 같으나 참되고 무명한 자 같으나 유명한 자요 죽은 자 같으나 보라 우리가 살아 있고 징계를 받는 자 같으나 죽임을 당하지 아니하고 근심하는 자 같으나 항상 기뻐하고 가난한 자 같으나 많은 사람을 부요하게 하고 아무것도 없는 자 같으나 모든 것을 가진 자

로다 고후 6:8-10

내가 너희 중에서 예수 그리스도와 그가 십자가에 못 박히신 것 외에는 아무것도 알지 아니하기로 작정하였음이라 내가 너희 가운데 거할 때에 약하고 두려워하고 심히 떨었노라 내 말과 내 전도함이 설득력 있는 지혜의 말로 하지 아니하고 다만 성령의 나타나심과 능력으로 하여 너희 믿음이 사람의 지혜에 있지 아니하고 다만 하나님의 능력에 있게 하려 하였노라 고전 2:2-5

---

2. 중보기도 동역자 세우기

믿음의 동역자를 분별하셔서 중보기도 동역자로 초청하시기 바랍니다. 두세 사람이 모인 곳에 성령께서 함께하신다고 했습니다. 우리는 한 성령 안에서 기도하는 훈련을 해야 합니다. 만날 때마다 같이 기도할 수 있는 중보기도의 동역자를 세우고, 구체적인 기도제목을 나누시기 바랍니다. 한 명이어도, 두 명이어도 좋습니다. 그리고 그 기도의 응답을 받을 때까지 만날 때마다 기도하시기 바랍니다. 연인, 친구, 동료 등 가장 자주 만나는 이들일수록 더 좋습니다. 중보기도 공동체는 나의 삶의 작은 부분에서부터 시작하여 점점 네크워크를 형성하고 넓혀가는 것입니다. 그런 중보기도 공동체가 늘어갈수록 우리는 하나님의 일하심을 가까이서 볼 수 있게 됩니다.

간절히 성령님을 부르십시오.
"나와 함께 기도할 수 있는 중보기도의 동역자를 붙여주옵소서. 주님이 허락하시는 그 동역자와 마음을 나누고, 삶을 나누게 하옵소서."

사람의 일을 사람의 속에 있는 영 외에 누가 알리요 이와 같이 하나님의 일도 하나님의 영 외에는 아무도 알지 못하느니라 우리가 세상의 영을 받지 아니하고 오직 하나님으로부터 온 영을 받았으니 이는 우리로 하여금 하나님께서 우리에게 은혜로 주신 것들을 알게 하려 하심이라 우리가 이것을 말하거니와 사람의 지혜가 가르친 말로 아니하고 오직 성령께서 가르치신 것으로 하니 영적인 일은 영적인 것으로 분별하느니라 고전 2:11-13

나의 중보기도 동역자
동역자의 기도제목

나의 기도제목

chapter **03**

모든 기도가
중보기도다

우리는 기도에 일정한 형식이 있다고 생각합니다. 주일예배 중 대표기도하는 분들의 기도를 잘 살펴보면 익숙한 기도의 형식을 볼 수 있습니다. 먼저 하나님께 영광을 올리고, 하나님께 감사의 내용을 아룁니다. 그리고 회개의 기도를 하고, 우리의 소원하는 바를 하나님께 구하는 기도로 이어집니다. 즉, '찬양-감사-회개-간구'의 순으로 기도의 틀이 만들어져 있습니다.

공적인 자리, 대표하는 자리에서의 기도는 어느 정도 일정한 형식이 있어야 함을 부정하고 싶지 않습니다. 하지만 내가 하나님과 대화를 나누는 기도에서까지 이러한 형식을 가져야 한다고는 생각하지 않습니다. 하나님과의 교제, 대화 속에서 가장 중요한 가치는 진정성, 친밀함, 자유함입니다.

하나님은 이미 우리를 아신다

우리는 하나님 앞에서 어떤 가면도 쓸 필요가 없습니다. 또한, 우리의 기도를 무겁게 만들 필요도 없습니다. 하나님 앞에서 최대한의 진정성과 친밀함, 그리고 자유로움으로 하는 기도가 하나님과 나누는 대화라고 할 수 있습니다.

만일 부모와 자녀가 나누는 대화 속에 진정성, 친밀감, 자유함이 없다면 그 대화는 매우 경직된 대화가 될 것입니다. 대화의 형식만 있을 뿐 속마음을 터놓지는 못합니다. 하나님과 나누는 기도가 경직되어 있다면 하나님과의 관계도 경직되어 있다는 의미입니다. 우리 부모님 시절에는 아버지와 아들의 대화가 세 마디 이상 이어지지 못했다고 합니다.

"아버지, 들어오셨어요? 수고하셨습니다. 안녕히 주무세요."

유교적인 사상 때문인지, 아니면 아버지가 가족을 먹여 살려야 하기에 밖에서 일만 하시느라 가정을 돌보지 못해서인지 몰라도, 그 관계가 참으로 어색했습니다. 아버지와 자녀, 단둘이 가지고 있는 기억도 그리 많지 않은 것 같습니다. 반면 어머니와의 관계는 대부분 다를 겁니다. 심지어 호칭에서도 '어머니'보다 '엄마'라는 표현이 더 익숙하고 자연스럽습니다. 대부분의 이야기를 엄마에게 하고, 문제가 생기면 엄마와 상의를 합니다. 이런 모습이 과거 우리 가정에서 흔히 볼 수 있는 모습이었습니다.

이처럼 하나님과의 관계가 경직된 이들에게는 기도가 부자연스러울 수밖에 없습니다. 어색하고 경직된 기도를 하게 됩니다. 그래서 가면을 쓰고 하나님 앞에 서고, 그 가면 뒤에서 기도할 때도 많이 있는 것 같습니다. 하지만 하나님 앞에서는 체면을 차릴 필요가 없습니다. 하나님은 우리를 창조하신 분이기 때문입니다. 피조물인 우리가 창조주 되시는 하나님 앞에서 격식과 체면을 차리면서 고상한 척한다고 해도 이미 주님은 우리의 성정을 다 알고 계십니다. 하나님 앞에 나아갈 때는 있는 모습 그대로 나아가는 것이 정직한 기도자의 모습일 겁니다.

〈내 모습 이대로〉라는 찬양이 있습니다. 저는 기도하거나 묵상하면서 가끔 이 찬양을 읊조리곤 합니다. 하나님 앞에서 더 정직하게, 더 겸손하게, 더 진실하고 친밀하게, 그리고 더 자유롭게 나아가고자 하는 제 고백을 담아 찬양합니다.

내 모습 이대로 사랑하시네

연약함 그대로 사랑하시네

나의 모든 발걸음 주가 아시나니

날 인도하소서

주의 날개 아래 거하는 것

주의 임재 안에 거하는 것

나의 가장 큰 소망 나의 가장 큰 은혜

주와 함께 동행하는 일

하나님은 우리의 모든 발걸음을 아십니다. 그 발걸음에 묻어 있는 우리의 연약함, 외로움, 서러움, 고통과 분노, 절망, 좌절, 포기하고 싶은 마음과 아쉬움, 후회를 아십니다. 그래서 더 하나님 앞에 진정성을 가지고, 친밀함으로, 자유롭게 나가야만 합니다. 하나님이 아니면 우리의 부족함을 이해해줄 수 있는 분이 이 땅에 존재하지 않기 때문입니다.

아무리 부부간에 촌수(寸數)가 없다고 해도, 속에 담아두고 있는 모든 마음을 다 표현할 수는 없습니다. 그러나 하나님 앞에서는 우리가 그 무엇도 가릴 필요가 없습니다. 우리는 그저 그분의 날개 아래에서 그분의 임재 가운데 거하고, 항상 동행하고 계시며 내 읊조리는 기도에도 귀를 기울여주시는 하나님만 의지하면 됩니다. 이런 기도는 가식도 없고, 격식도 없으며, 경직되지도 않습니다. 그 자체가 하나님과의 대화이며, 진짜 하나님께서 원하시는 건강한 기도가 아닐까 생각합니다.

나를 위한 중보가 필요하다

사실 우리가 하는 기도는 대부분이 중보기도입니다. 제가 심방을 하면서 성도님들에게 기도제목을 물어보면 자신을 위해 기도해달라는 경우는 그다지 많지 않습니다. 대부분 가족의 건강을 위한 기도, 부모와 자식을 위한 기도제목을 먼저 내놓습니다. 그래서 저는 일부러 '본인의(본인에 대한) 기도제목'을 나눠 달라고 요청합니다. 그러면

"저에 대한 기도제목이요?" 하며 잠시 당황하시지만, 이내 본인의 숨겨두었던 기도제목을 공유해주십니다. 그만큼 우리는 평소 다른 이들을 위해서 기도를 많이 하고 있었던 겁니다.

가만히 우리의 기도를 돌아보십시오. 대부분은 가족을 위한 기도, 특히 자녀들을 위한 기도, 부모, 형제, 병중에 있는 이들, 나라와 민족, 선교사들을 위한 기도 등, 우리 기도의 많은 부분을 차지하는 것은 다른 이들을 위한 중보기도입니다. 그렇다면 우리는 이미 중보기도자로 살아가고 있는 것이나 다름없습니다.

단순히 우리의 기도 속에 다른 이들을 위한 기도의 분량이 많기에 '모든 기도가 중보기도'라는 것은 아닙니다. 저는 자신을 위해서 하나님께 간구하는 기도 역시 중보기도의 한 부분이라고 생각합니다. 말장난처럼 들릴 수도 있지만, 사실입니다.

자신을 위해서 얼마나 간절히 하나님께 간구합니까? 얼마나 주님의 십자가 은혜를 소망하며 기도합니까? 얼마나 성령의 역사하심이 우리 삶에, 우리의 영혼 가운데, 우리 육신에 임하기를 간절히 구합니까? 나를 위한 기도는 가장 원초적인 중보기도라고 생각합니다. 하나님의 긍휼하심과 일하심이 우리의 인생 가운데 함께 계시기를 소원하면서 '나'라는 인생, '나'라는 존재의 구원, '나'의 영혼의 평안을 위해서 기도하는 것입니다. 내가 나를 위해서 하나님께 중보기도하는 것입니다.

우리는 다윗이 하나님께 '나의 영혼을 제발 긍휼히 여겨 달라'라며 자신의 영혼을 위해 중보기도한 것을 시편에서 수없이 볼 수 있습니다. 중보기도는 간절함이고, 탄식과 탄원이며, 하나님을 향한 절규이자 긍휼을 구하는 몸부림입니다.

여호와여 내가 소리 내어 부르짖을 때에 들으시고 또한 나를 긍휼히 여기사 응답하소서 시 27:7

내 영혼을 지켜 나를 구원하소서 내가 주께 피하오니 수치를 당하지 않게 하소서 시 25:20

자신의 영혼을 살려달라고 하나님께 절규하는 다윗의 시를 보면서, 그가 어찌 자신의 영혼을 위해서 하나님께 중보기도하는 것이 아니라고 말할 수 있을까요? 비단 다윗뿐입니까? 십자가 위에서 주님이 무엇이라고 말씀하십니까?

"엘리 엘리 라마 사박다니"(막 15:34).

풀이하면 "나의 하나님, 나의 하나님, 어찌하여 나를 버리셨습니까?"라는 간절한 기도를 하신 것입니다. 겟세마네에서는 어떠하셨습니까?

"아빠 아버지여, 아버지께는 모든 것이 가능하오니 이 잔을 내게서 옮기시옵소서 그러나 나의 원대로 마시옵고 아버지의 원대로 하옵소서"(막 14:36).

주님도 스스로 감당하기 힘든 고난 앞에서 자신을 위한 중보기도를 하셨습니다. 어찌 보면 가장 절박한 중보기도가 바로 나 자신을 위한 기도가 아닐까 생각합니다.

정리하자면, 우리는 이미 중보기도를 하는 중보기도자들입니다. 그리고 나를 위한 기도를 비롯해 우리의 모든 기도는 중보기도입니다. 우리는 모든 기도에 앞서 우리가 중보기도자라는 정체성을 잊지 말아야 합니다. 우리의 유익과 만족을 위해서 기도하는 것이 아닙니다. 나만 잘 먹고 잘 살기 위해서 기도하는 것이 아니라, 하나님께서 나의 입술을 통해서 다른 이들을 이롭게 하길 원하시기에 기도하는 것입니다.

이것은 우리의 사명이기도 합니다. 하나님은 우리를 통해서 많은 이들이 복받기를 원하십니다. 그들이 하나님을 알고, 하나님을 경험하고, 하나님의 구체적인 개입하심을 경험하기 원하십니다. 우리는 이것을 위해서 간절히 기도해야 합니다. 하나님을 먼저 믿고, 먼저 구원을 받고, 먼저 은혜 받은 자답게 살아가야 합니다. 하나님은 이런 우리의 입술을 필요로 하십니다.

여호와의 얼굴을 피한 선지자

요나서 4장에 보면, 하나님께서 요나를 깨닫게 하시는 장면이 있습니다.

하나님이 요나에게 이르시되 네가 이 박 넝쿨로 말미암아 성내는 것
이 어찌 옳으냐 하시니 그가 대답하되 내가 성내어 죽기까지 할지라
도 옳으니이다 하니라 여호와께서 이르시되 네가 수고도 아니하였고
재배도 아니하였고 하룻밤에 났다가 하룻밤에 말라 버린 이 박 넝쿨
을 아꼈거든 하물며 이 큰 성읍 니느웨에는 좌우를 분변하지 못하는
자가 십이만여 명이요 가축도 많이 있나니 내가 어찌 아끼지 아니하
겠느냐 하시니라 욘 4:9-11

　　요나를 향한 하나님의 부르심은 니느웨 백성을 위해서 중보기도
하라는 것이었습니다. 하나님은 니느웨 백성을 구원하고자 하셨습
니다. 그러나 요나는 그런 하나님의 뜻과 방식이 이해되지 않았고
받아들이기도 힘들었습니다. 사실, 저는 요나의 마음이 너무 잘 이
해됩니다. 아무리 이 세상을 구원하기 원하시는 하나님이라 해도 하
나님을 모욕하는 이들까지 구원하실 필요가 있는가 하는 것입니다.
그리고 그들에게 어떻게 '내가' 복음을 전할 수 있겠습니까? 요나의
내적 갈등이 충분히 이해됩니다.
　　하나님은 이런 요나의 요동치는 마음을 보시고 박 넝쿨을 통해서
하나님의 마음을 전하십니다. 뜨거운 동풍과 내리쬐는 태양 아래서
고통스러워 하는 요나에게 하나님은 박 넝쿨을 예비하셨습니다. 요
나는 뜨거움을 잠시 가려주는 박 넝쿨이 고마울 뿐이었습니다. 성경
은 요나가 '크게 기뻐하였다'(욘 4:6)라고 기록합니다.

그러나 그런 기쁨도 잠시. 벌레 하나가 그 박 넝쿨을 갉아먹었고, 다시 내리쬐는 볕 아래 앉은 요나는 사는 것보다 죽는 것이 낫다는 탄식과 하소연까지 합니다. 이런 요나에게 하나님께서 하신 말씀이 바로 요나서 4장 9절 이하입니다.

요나의 시선은 자신의 편함에 직접 영향을 주고 있는 박 넝쿨에 있었습니다. 그런데 하나님의 시선은 박 넝쿨도 벌레도 아닌 니느웨 사람들, 요나의 입장에서는 하나님의 관심을 받을 가치가 없는 이들에게 있었습니다. 하나님은 그 박 넝쿨을 지으신 분이며, 요나가 자족하던 박 넝쿨을 갉아먹을 벌레도 보내실 수 있는 분이었습니다.

요나가 정말 하나님의 말씀을 대언하는 선지자라면, 하나님의 부르심에 순종하여야 그의 정체성이 분명해질 수 있습니다. 아무리 하나님께서 선택하신 선지자라 하더라도, 지금 하나님의 마음과 뜻이 자신의 생각과 다르다고 거부한다면 더는 선지자로서 살아갈 수 없습니다. 그러나 하나님은 요나를 여전히 니느웨의 중보자로 부르셨습니다. 하나님과 니느웨 백성 사이에서 하나님의 마음을 전해야만 하는 중보자로 부르신 것입니다. 그것이 바로 하나님의 관점에서 보시는 요나의 정체성입니다.

이 상황에서 하나님은 절대 요나에게 니느웨 백성이 예뻐서, 그들이 구원받을 가치가 있는 자들이라서, 그들이 철저히 회개했기 때문에 구원하겠다고 말씀하지 않으십니다. 하나님은 니느웨 백성을 일컬어 '좌우를 분변하지 못하는 자'라고 하십니다. 좌우를 분변하지 못하는 자들이란 기준이 없는 자들, 상황에 따라서 휩쓸리며 살아가는 이들을 말합니다. '분변하다'는 히브리어로 '야다'인데, 이는 창세기에서 '선(good)과 악(evil)을 알다' 또는 '하나님을 알다'라는 표현으로도 사용되었습니다. 하나님은 니느웨 백성이 지금 선과 악을 알지 못하고, 하나님도 알지 못하는 자들이라는 것을 요나에게 말씀하십니다.

요나서는 4장 11절로 끝나지만, 아마도 요나는 하나님께 계속 반문했을 수 있습니다.

"왜 하나님은 그런 자들을 구원하고자 하십니까?"

하나님은 니느웨 백성이 구원받을 자격이 있어서 구원하고자 하신 것이 아닙니다. 자격은 없지만, 하나님은 니느웨의 사람들에게도 기회를 주고자 하신 것입니다. 이것이 바로 하나님의 은혜입니다. 하나님나라에는 자격 있는 자들이 아무도 없습니다. 모두 부족하고 연약한 자들입니다. 그러나 하나님께서 먼저 사랑을 베푸셨습니다. 우리가 그 사랑에 반응할 때, 비로소 하나님나라에 참여할 수 있습니다.

은혜는 누구에게나 주어집니다. 하나님의 사랑은 자격 없는 우리에게도 동일하게 주어집니다. 지금 우리의 생각 가운데서 하나님의 사랑을 받을 자격이 없다고 판단하는 그들에게도 은혜는 주어지고 있습니다.

요나도 마찬가지입니다. 하나님이 요나를 물고기 배 속에서 구해주신 이유를 요나서 4장 10,11절에서 찾아보십시오. 요나도 사실 선지자로서 좌우를 분변하지 못하기는 매한가지였습니다. 그도 다를 바 없었습니다. 그런 요나에게 하나님은 분명히 명령하십니다.

"너는 일어나 큰 성읍 니느웨로 가서 그것을 향하여 외치라"(욘 1:2).

그러나 요나는 여호와의 얼굴을 피하려고 일어나 다시스로 향합니다. 요나 말고 여호와의 얼굴을 피했던 이들이 또 있습니다. 선과 악을 알지(야다) 못하던 아담과 하와입니다. 하나님께서는 아담과 하와를 하나님과 이 세상의 최초의 중보자로 세우셨습니다. 생육하고 번성하며 땅에 충만함을 일구어갈 중보자로 하나님은 아담과 하와를 선택하셨습니다. 그러나 그들은 결국 여호와의 얼굴을 피하며 하나님의 부르심을 스스로 포기했습니다.

요나도 마찬가지 상황입니다. 여호와의 얼굴을 피하여 다시스로 가다가 죽을 수밖에 없는 상황 속에서 그를 건지신 분은 여호와, 바로 그가 외면했던 하나님입니다. 이것이 은혜 아닙니까! 하나님은 이미 은혜를 경험한 요나였기에 포기하지 않으시고 그를 니느웨의 중보자로 부르신 것입니다.

은혜로 세움 입은 중보기도자들

어찌 요나뿐이겠습니까? 우리도 마찬가지입니다. 우리도 요나와 같이 하나님의 은혜로 건짐을 받은 자들입니다. 그런데 우리는 그 사실을 외면하면서 살아갑니다. 하나님의 시선이 지금 니느웨에 있다면, 우리의 손과 발도 니느웨로 향하도록 준비되어야 합니다. 그것이 바로 중보기도자로 부름을 받은 우리 삶의 방향성입니다.

비록 내가 이해할 수 없는 하나님의 부르심이라 할지라도 하나님의 은혜를 기억하면서 순종의 노력을 하는 것입니다. '순종'이 아닌 '순종의 노력'이라고 표현하는 이유는 하나님이 우리의 자발적이고 의지적인 결단을 기뻐하시기 때문입니다. 어쩔 수 없이 끌려가듯 축 처진 상태로 움직이는 것이 아니라, 하나님의 뜻과 음성을 알고 우리의 믿음에서 나오는 자발적 결단을 의미합니다. 순종의 노력은 하나님이 우리 삶에 개입하시도록 길을 열어드리는 것입니다.

중보기도를 하는 자들은 순종의 노력으로 시작해서 온전한 순종의 결단과 실천으로 나아가야 합니다. 하나님은 중보기도자들의 이런 간절한 몸부림을 기쁘게 여기십니다.

얼마나 그 순종의 노력이 치열하겠습니까?

얼마나 그 순종의 노력이 간절하겠습니까?

얼마나 그 순종의 노력이 진실하겠습니까?

중보기도는 순종의 노력이 고스란히 담겨 있는 영적인 신비의 가치입니다. 그래서 중보기도에는 진정성, 친밀함, 자유함이 있어야 합니다. 더 나아가 중보기도를 통해서 우리가 이 기도의 가치를 누려야 합니다.

기대하는 만큼 부어주신다

청년들에게 중보기도에 대한 마음을 나누고, 시간과 기회가 될 때마다 계속해서 중보기도 모임으로 모였습니다. 주일 청년예배 후 소그룹 모임을 하고 나면 한 달에 두 번은 꼭 중보기도 모임으로 모이고, 행사나 수련회가 있으면 한 달 내내 중보기도 모임으로 모였습니다. 수련회를 준비할 때도 가장 먼저 시작되는 것은 기획회의가 아니라 중보기도 모임이었습니다.

기도하는 가운데 하나님께서 우리가 진행하려는 수련회의 방향성에 대한 마음을 주시면, 그 주제를 가지고 수련회를 기획합니다. 수련회를 하나의 행사로 진행하는 것이 아니라, 수련회 기간 동안 우리에게 부어주실 기도의 응답을 기대하는 마음으로 준비하는 것입니다.

저는 청년들에게 늘 이렇게 독려합니다.

"하나님은 우리가 기대하는 만큼 부어주신다!"

하나님께서 우리에게 100을 주고자 하시는데 우리가 기대하는 정도가 50이라면, 아무리 최대로 응답받아도 50밖에 되지 않습니다. 그러나 우리가 기대하는 정도가 500이라고 한다면, 그중 20퍼센트밖에 받지 못한다 해도 100을 받을 수 있습니다. 물론 수치로 하나님의 은혜를 설명하는 것이 바보 같고 무리가 있을 수 있습니다. 그러나 기도로 준비하는 사람들에게는 하나님께서 그 기대만큼의 은혜와 응답을 채워주신다는 걸 쉽게 표현해보고자 했습니다. 행사로 계획하는 수련회와 기도로 준비하는 수련회에는 분명한 차이가 존재합니다.

다른 행사에서도 마찬가지입니다. 단기선교를 준비함에 있어서도 가장 먼저 시작해야 하는 것은 항공권 구매가 아니라 중보기도 모임이어야 합니다. 선교에 직접 참여하여 사역을 하러 가는 이들이나, 한국에서 그들을 중보로 돕는 이들이나 모두가 선교를 위해 기도로 준비하는 것이 첫 번째가 되어야 합니다. 이 모든 것이 우리에게 당연해야 하는 이유는 우리가 모두 중보기도자이기 때문입니다.

교회에서 중보기도의 불이 꺼지면, 그 교회에서는 생명력을 기대하기 어렵습니다. 중보기도는 교회의 영적인 엔진입니다. 한국교회 부흥의 역사 속에서 중보기도의 불길이 꺼진 적이 있습니까? 수많은 부흥사가 한국교회를 뒤집어 놓았을 때, 그 뒤에는 쉬지 않고 그 부흥사를 위해 기도하던 중보기도자가 있었다는 사실을 절대 잊으면 안 됩니다.

어릴 적, 시골 교회에 부흥회를 오시던 목사님들은 항상 이렇게 말씀하셨습니다.

"지금 내 뒤에 이 집회와 여러분, 그리고 나를 위해서 밤을 지새우며 기도하는 우리 교회의 수많은 중보기도자가 있기에 성령께서 역사하시는 것입니다."

그때는 솔직히 이게 무슨 말인지 잘 몰랐습니다. 그러나 사역을 하면서, 특히 제가 감당할 수 없는 무거운 일들을 헤쳐나가야 할 때, 중보기도자들의 기도가 얼마나 귀하고 힘이 있는지를 느낍니다. 나 한 사람의 중보기도가 무슨 힘이 있겠냐고 생각할지 모르지만, 그것은 순전히 내 생각입니다. 하나님은 연약한 자의 입술에서 터져나오는 진정성 있는 한 문장의 기도에 응답하십니다. 그리고 그런 자들이 모여서 기도할 때, 성령이 개입하고 역사하시며, 놀라운 기적을 우리에게 보여주십니다. 우리의 입술에 권세가 있음을 믿고 선포해야 합니다. 하나님은 지금도 우리의 입에서 흘러나오는 중보기도에 귀를 기울이고 계십니다.

우리는 중보기도자입니다. 간절함으로, 진정성을 가지고, 눈물로 몸부림치며 기도하는 중보기도자입니다. 우리가 하는 모든 기도는 중보기도입니다. 하나님의 일하심은 오늘도 중보기도자들의 눈물로부터 시작합니다. 당신이 흘린 기도의 눈물이 지금 하나님의 마음을 감동케 하며, 하나님의 손과 발을 움직이게 만드는 이유가 됩니다.

자유로운 기도 연습하기

1. 기도의 틀 풀기

아직도 형식적인 기도에 묶여 있다면, 이제 그 매듭을 풀어야 합니다. 우리의 입술로 자유롭게 하나님께 이야기하는 기도에 익숙해져야 합니다. 때와 장소를 가리지 말고 하나님께 기도하는 습관이 필요합니다. 똑같은 말을 의미 없이 되풀이하는 것이 아니라, 하나님께 더 자유롭고 친밀하게, 그리고 진정성을 가지고 이야기하는 연습을 하는 것입니다.

길을 걸으면서, 설거지를 하면서도, 청소하면서, 화장실에서도, 지하철과 버스에서, 커피를 마시면서, 그리고 내 기도의 골방에서 하나님을 자유롭게 찾으십시오. 그 하나님과 대화를 나누듯 이야기해보시기 바랍니다. 이 훈련의 최종 목적은 무시로 하나님과 대화하는 것입니다(참조, 로렌스 형제의 《하나님의 임재 연습》).

오늘 하나님과 나눈 이야기를 생각나는 대로 적어봅시다.

너희는 내가 명하는 대로 행하면 곧 나의 친구라 이제부터는 너희를 종이라 하지 아니하리니 종은 주인이 하는 것을 알지 못함이라 너희를 친구라 하였노니 내가 내 아버지께 들은 것을 다 너희에게 알게 하였음이라 너희가 나를 택한 것이 아니요 내가 너희를 택하여 세웠나니 이는 너

희로 가서 열매를 맺게 하고 또 너희 열매가 항상 있게 하여 내 이름으로
아버지께 무엇을 구하든지 다 받게 하려 함이라 요 15:14-16

_____

_____

_____

_____

2. 주시는 마음 적기

지금 여러분의 기도를 적어보십시오. 형식에 구애받지 말고 회개기도를
한 후 우리의 마음에 주시는 하나님의 마음을 적어봅시다. 시를 적어도
좋고, 그림을 그려도 좋고, 일기를 써도 좋습니다. 여러분의 솔직한 마
음, 진실된 기도를 적어보시기 바랍니다. 그리고 기록한 그 기도를 천천
히 읽어보면서, 하나님께서 생각나게 하는 사람이나 연관된 기도의 제목
이 있다면 다른 색 펜으로 계속 적어봅시다.

이 기도 작업을 수시로 진행하며, 꼬리에 꼬리를 무는 기도를 적어보십시
다. 그리고 잠자리에 들기 전 하루를 마무리하며 정말 하나님께서 주시
는 마음, 기도가 무엇인지를 묵상해보십시오.

일을 행하시는 여호와, 그것을 만들며 성취하시는 여호와, 그의 이름
을 여호와라 하는 이가 이와 같이 이르시도다 너는 내게 부르짖으라

내가 네게 응답하겠고 네가 알지 못하는 크고 은밀한 일을 네게 보이
리라 렘 33:2,3

_____

_____

_____

_____

_____

chapter **04**

하나 되게 하는 기도, 중보기도

　'중보기도 공동체'에 대한 하나님의 음성에 반응하게 된 것은 우리 공동체의 한 청년이 이단에 빠지게 되면서부터였습니다. 하나님은 이 일로 우리 공동체에 영적인 경각심을 불러일으키셨고, 정말 모든 청년이 한마음이 되어 그 청년을 위해 기도하게 하셨습니다. 청년 공동체 안에서 공식적이든, 비공식적이든 모임이 있을 때마다 우리는 그 청년이 돌아올 수 있도록 하나님께 간절히 기도했습니다.

　너무 귀하고 순수했던 청년이 이단이라는 사기 집단에 빠졌다는 사실에 모든 청년이 충격을 받았습니다. 그래서 우리의 기도는 자식을 잃은 어미 사자의 포효와 같을 수밖에 없었습니다. 우리가 할 수 있는 것이 기도밖에 없었기에 정말 한마음이 되어 하나님 앞에 울부짖었습니다.

청년은 2019년 5월 초에 우리 공동체를 떠났습니다. 오랜 친구의 믿음 생활을 돕기 위해 그 친구가 다니는 작은 교회로 옮겨 함께 신앙생활을 하겠다고 했습니다. 저는 청년의 마음이 참 귀하다고 생각했고, 조금 석연찮은 구석이 있긴 했지만 서로 계속 연락하기로 하고 보내주었습니다.

그런데 얼마 지나지 않아 다른 청년이 급하게 상담을 요청해왔습니다. 알고 보니, 친구의 신앙생활을 돕기 위해 잠시 교회를 다른 곳으로 옮긴다고 했던 그 청년이 상담을 요청해 온 청년을 이단에 끌어들이기 위해 포섭했던 것입니다. 저는 이 일을 확인해나갔고, 이단에 빠진 청년의 어머니와 통화하면서 정확한 상황을 알게 되었습니다. 그리고 그때부터 이단에서 빼낼 계획을 세우기 시작했습니다. 2019년 11월의 일입니다.

이단에 빠진 청년의 어머니 집사님은 너무 기가 막혀서 처음에는 말을 잇지도 못하셨고, 계속 울면서 몇 날을 보내셨습니다. 며칠 후 정신을 차리시고는 어떻게 하면 좋을지 함께 논의했습니다. 이단 상담소에 도움을 요청하고 구체적인 계획을 세웠습니다. 그 과정에서 집사님과 저 사이에 마찰이 있기도 했습니다. 모두 마음이 무너진 상태에서 예민해져 있었기에 서로를 이해할 수 있는 마음의 여유가 부족했던 것입니다. 그럴 때마다 하나님은 감사하게도 집사님과 저의 연약함을 바라보게 하셨습니다. 한참 언쟁을 높이면서 이야기하다가도 마지막에는 서로 울면서 하나님을 바라보는 수밖에 없다고 고백하며 그 청년을 이단에서 꺼낼 방법만 간구했습니다.

그렇게 조심스레 계획을 세웠고, 2020년 1월에 본격적으로 그 청년에게 이단 교리 반증(反證) 교육을 시작했습니다. 다행히 그 청년은 이단 전문 상담사와의 교육에 반응을 보였습니다. 두 번째 교육 때까지는 이단의 교리에 갇혀 아무것도 받아들이려 하지 않았습니다. 하지만 상담사가 이단의 교리가 얼마나 엉터리이고 말이 되지 않는지 포기하지 않고 성경을 가지고 계속해서 풀어주었고, 세 번째 교육부터는 그 청년이 반응을 보였습니다. 그리고 마침내 다섯 번째 교육이 진행될 때 완강해보이던 이단 틀이 무너졌고, 본인이 이단이라는 집단에 의해 사기를 당했으며, 교리적으로 세뇌당했다는 사실을 인지하게 되었습니다. 사람마다 다르지만 대부분 2주간의 반증 교육을 받으면 이단의 거짓 교리로부터 돌아올 수 있다고 합니다. 이 청년의 경우에는 비교적 빠르게 이단 교리가 무너진 것입니다.

중보기도의 힘을 경험하다

이 청년은 집으로 돌아오자마자 자기가 이단으로 포섭하려 했던 청년에게 연락했습니다. 그에게 자신의 잘못에 대해 용서를 구하고, 그동안 이단에서 어떤 일들이 있었는지를 이야기했다고 합니다.

2020년 1월 21일 밤 10시, 전화로 이 기쁜 소식을 전해 들은 저는 정말 펑펑 울었습니다. 마음이 녹아내리고, 모든 긴장의 끈과 다리가 풀리는 기분이었습니다. 너무 감사해서 말을 이을 수가 없었습니다. 엉엉 울면서 전화를 받은 저는 이단에서 돌아온 청년의 어머니에게 "집사님, 감사해요, 감사해요…"라는 말밖에 할 수 없었습니다. 어둠으로부터 건짐을 받은 참된 구원이 바로 이런 것이었습니다. 구원의 감격이 바로 이런 것이었습니다. 이렇게 빨리 주님 곁으로 돌아올 수 있음에 정말 감사했습니다.

이틀 후에 그 청년을 만났습니다. 청년을 보자마자 말없이 따뜻하게 안아주었습니다. 옆에 있던 그 청년의 어머니도, 저도 눈물을 흘렸습니다. 그리고 잠시 아무 말도 하지 못하고 바라만 보았습니다. 그리고 내뱉은 저의 첫 마디는 "참 고마워, 정말 고맙다"였습니다.

생기발랄했던 그 청년은 약간의 어색함과 우울감이 있다고 말했습니다. 당연합니다. 돈을 주고도 바꿀 수 없는 청년의 시간을 사기 집단에 의해 잃어버렸으니까요. 이단 교리 반증 교육을 두 달 정도 더 받아야 하지만, 성실하게 교육을 잘 받으면서 완전히 이단의 잘못된 교리를 빼내고 싶다고 했습니다.

너무 귀했습니다. 그 청년이 자신의 소중한 시간을 잃어버렸다는 상실감, 이단에 사기를 당했다는 좌절감이 얼마나 클지 생각하면 너무도 안타깝지만, 그래도 그 어둠의 권세로부터 건짐을 받았다는 사실이 정말 감사했습니다. 저는 그 청년에게 그동안 청년 공동체가 얼마나 중보기도로 함께했는지 이야기해주었습니다. 청년의 어머니도 많은 이들이 간절히 중보기도했다는 사실을 같이 전해주었습니다. 그 청년은 말없이 눈에 눈물을 머금고 있었습니다.

우리 청년 공동체가 이 청년을 위해서 눈물로 기도할 때, 하나님은 분명히 이 청년이 하나님 품으로 돌아올 것이라는 확신을 주셨습니다. 저 역시 그 확신이 있었기에, 우리가 하나가 되어 중보기도로 하나님의 일하심을 속히 보자고 선포했던 것입니다.

우리는 고난 가운데서 공동체를 하나 되게 하신다는 것을 경험했습니다. 공동체가 하나가 되어야만 우리가 마주한 어려움을 이길 수 있다는 사실을 다시금 깨달았습니다. 사탄의 공격에 공동체가 하나가 되어 정신을 차리기 시작했습니다. 그렇습니다. 우리는 중보기도로 영적인 무장을 해야 합니다.

진실로 다시 너희에게 이르노니 너희 중의 두 사람이 땅에서 합심하여 무엇이든지 구하면 하늘에 계신 내 아버지께서 그들을 위하여 이루게 하시리라 두세 사람이 내 이름으로 모인 곳에는 나도 그들 중에 있느니라 마 18:19,20

그 청년을 위해서 기도할 때, 우리 공동체는 정말 주님의 이 말씀을 신뢰했습니다. 신뢰할 수밖에 없었습니다. 처절한 몸부림으로 우리는 그 청년을 위해 중보했습니다. 두세 사람이 예수의 이름으로 모이면 주님이 그곳에 함께하신다는 이 말씀, 그리고 두 사람이 땅에서 마음을 합해 간절히 구하면 하나님께서 그들의 간절함을 보고 이루어주신다는 말씀을 전적으로 신뢰할 수밖에 없었습니다. 그리고 이런 신뢰는 기도가 시작되면서 점점 더 기도하는 자들의 확신이 되었습니다. 중보기도로 하나가 될수록 기존의 피상적이었던 공동체의 교제들이 영적인 교제로 바뀌는 모습들을 보았기 때문입니다.

중보기도를 통한 깊은 영적 교제

나중에 이 청년에게 들어보니, 이단 반증 교육을 받고도 다시 이단으로 돌아가는 이들이 있다고 했습니다. 이단의 교리에 문제가 있고, 그들이 이단이라는 사실을 알면서도 그 사람들과의 관계가 그리워서 돌아가는 이들이라고 합니다. 거짓으로 꾸며진 친절함이라도 그리웠던 것입니다. 참으로 비통하고 안타까운 일이 아닐 수 없습니다.

이것은 그 청년들이 기존의 믿음 공동체 가운데서 건강한 영적인 교제를 제대로 경험해보지 못했다는 증거가 아닌지 돌아보게 합니다. 교회 소그룹으로 모였지만 그저 가십거리를 가지고 떠들며 웃거나, 어떻게 일주일을 지냈는지 묻지만 그 안에서 하나님의 일하심은 나누어지지 못하는 시간, 오히려 불평, 불만, 뒷말과 하소연으로 시간을 소비하는 소모임이 여전히 교회 안에 팽배한 것은 아닌지 생각합니다. 하나님의 은혜가 나누어지지 못하는 소그룹은 세상의 클럽이나 동아리 모임, 수다 모임에 지나지 않습니다. 우리가 경계해야만 하는 것들입니다. 그런 모임에서는 자신의 연약함보다 자신의 자랑, 다른 이들보다 우월해 보이려는 욕망이 더 드러나게 됩니다.

반면, 믿음의 공동체에서 이루어지는 건강한 교제에서는 서로 자신의 연약함을 고백합니다. 겉치레로 나누는 교제는 상대방의 깊은 내면에 감동을 주지 못합니다. 다른 이들의 영적인 동의를 얻을 수 없습니다. 그러나 진정성 있는 교제와 나눔은 서로의 내면의 상처와 아픔을 보듬어줄 수 있는 참된 영적 관계로 발전하게 됩니다.

팍팍한 시대를 살아가는 청년들과 성도들은 이런 진정성 있는 참된 교제를 그리워합니다. 중보기도는 참된 교제를 나눌 수 있도록 도와주는 좋은 영적 도구입니다. 연약할수록, 우리 자신의 연약함을 중보기도를 통해서 내려놓고, 함께 서로의 마음을 나누면서 기도할 때 놀랍고 강력한 영적인 교제가 가능해집니다. 하나님은 바로 이런 교제에 집중하십니다.

많은 교회가 공동체의 연합을 위해 다양한 프로그램을 운영합니다. 그러나 중보기도처럼 정말 공동체를 하나로 묶어주는 것은 없는 것 같습니다. 그래서 하나님께서 중보기도를 통해 진정한 교제를 나누고 하나가 되어가는 공동체를 집중해서 보시는 것 같습니다.

위기가 기회가 되다

이 청년이 이단에 빠졌다는 소식을 듣기 전까지는 제자훈련과 큐티훈련을 강조했을 뿐 공동체를 하나로 묶는 영적인 구심점은 약했던 것 같습니다. 그런데 하나님은 어쩌면 큰 어려움이 되었을 수 있는 이 일을 통해 공동체 모두의 연약함을 하나님 앞에 고백하고 내려놓게 하신 것은 아닌가 생각합니다. 소그룹 모임을 건성으로 했던 일, 아파하고 힘들어하는 청년들을 못 본 척하며 지나쳤던 일, 도움의 손길을 요청해도 무시했던 일, 마음이 맞는 청년들끼리만 교제를 나눈 일, 말씀을 듣고도 삶에 적용하지 않고 살았던 일, 말로만 기도한다고 했지 실제로 기도하지 않았던 일, 겉으로 보기에는 아무 문제가 없는 것 같지만 속은 빈껍데기처럼 아무 열매가 없는 것, 보이지 않는 영적인 무감각함과 교만이 적나라하게 드러났습니다.

하나님은 그렇게 우리의 연약함을 보게 하셨습니다. 아무리 겉으로 보기에 잘 성장한 청년 공동체처럼 보인다 해도 그 내면에 이런 추한 죄의 얼룩이 남아 있다면 절대 건강한 공동체가 될 수 없다는 것을 알게 하셨습니다. 모든 청년이 영적인 비상사태를 경험했던 것입니다. 청년들은 이 청년을 위해 중보기도를 했지만, 실제로는 자신의 영적인 무감각함과 교만, 연약함을 보고 하나님 앞에서 내려놓게 되었습니다.

어찌 청년들뿐이겠습니까? 저 역시도 하나님 앞에서 연약함을 솔직히 고백했습니다. 성장하기 어려운 시대에 성장하는 교회의 청년 공동체 사역자라는 교만, 제자훈련과 큐티훈련을 통해 영적으로도 건강함을 유지하고 있는 청년 공동체라는 자만심, 우리 공동체만큼은 이단에 흔들리지 않을 것이라고 장담했던 저의 오만함이 적나라하게 드러났습니다.

청년들에게 참 미안했습니다. 저의 교만이 공동체에 이런 아픔과 상처를 가져온 것 같아서 너무 미안했습니다. 그래서 청년 중보기도 모임에서 용서를 구했습니다. 그리고 우리 공동체가 하나님 보시기에 교만한 마음을 가지고 있었다면, 하나님 앞에 다 회개하자고 요청했습니다. 우리 청년 공동체가 혹시 자만하고 있었다면, 하나님께 용서를 구하자고 부탁했습니다.

그런데 정말 놀라운 일들이 펼쳐졌습니다. 연약함을 고백하고, 함께 중보기도를 하는 그 시간에 성령께서 강력하게 역사하신 것입니다. 우리가 할 수 있는 것이 아무것도 없음을 고백하는 그 시간부터 성령께서는 더욱 공동체를 하나 되게 하셨습니다. 중보기도를 통해서 서로의 연약함을 고백하게 하셨고, 서로를 위해 매일의 삶에서 계속 기도하게 하셨습니다.

그해 겨울 영성 수련회 기간에는 중보기도가 더욱 강력하게 진행되었습니다. 수련회 동안 중보기도 노트를 준비하여 서로의 기도제목을 적고 기도하는 시간을 가지게 했습니다. 많은 이들을 만나서 기도제목만 적는 것이 아니라 한 사람, 한 사람의 기도제목과 그 상황을 듣고 서로의 기도 노트에 구체적인 기도를 적게 했습니다. 그 수련회의 주제였던 '기도로 교제를 나누다'에 맞도록, 성령께서는 정확하게 청년들이 기도로 교제를 나눌 수 있다는 사실을 경험케 하셨습니다. 많은 청년이 수련회 프로그램 중에서 일대일 중보기도 시간이 참 유익하고 좋았다는 의견을 주었습니다.

우리가 일상에서 기도제목을 나누고도 말로만 기도하겠다고 한

적이 얼마나 많습니까? 심지어 목회자들도 "기도하겠습니다", "기도하고 있습니다"라고 말하지만, 그 상황을 넘어가는 인사치레로 하는 경우가 적지 않다고 생각합니다. 그래서 서로 기도하겠다는 인사에 대해 신뢰하지 못하는 것입니다.

처음 교회에 온 이들이 대화를 나눌 수 있는 두세 사람 정도와 관계가 형성되면 그 교회에 정착할 확률이 훨씬 높아진다고 합니다. 그대로 적용하면, 우리에게 진짜 기도제목을 나눌 수 있고, 같이 기도할 수 있는 중보기도의 지체들이 두세 명 정도 있다면 신앙생활이 얼마나 진실되고 풍성해질까요? 내 삶을 걸고 중보기도를 함께할 수 있는 믿음의 동역자가 있다면 그 신앙생활이 얼마나 행복하겠습니까?

한 청년이 이단에 빠지면서 가져온 충격과 아픔은 이루 말할 수 없었지만, 하나님께서는 이 일을 통해서 우리 공동체의 영적인 체질을 한 번 더 바꾸셨다고 생각합니다. 자신의 연약함을 감추는 비겁한 크리스천이 아니라, 정말 하나님 앞에 나의 연약함을 내려놓고 하나님만 신뢰하는 자들에게 그분께서 어떻게 일하시는지를 보여주신 것입니다. 그리고 이 과정에서 개인뿐만 아니라 공동체의 연약함과 영적인 체질 개선의 의지를 다지게 하셨습니다. 그리고 실제로 하나님은 연약한 자들이 모인 공동체가 진정으로 연약함을 내려놓았을 때, 그 공동체가 어떻게 변할 수 있는지를 눈으로 보게 하셨습니다. 이것이 바로 중보기도의 강력한 능력입니다.

하나님께서는 중보기도를 통해서 정말 깊은 영적 교제가 가능하다는 것을 깨닫게 하셨습니다. 이 시대의 교회가 추구해야 하는 교제가 있다면 바로 이렇게 진정성 있는 영적 교제가 아닐까 생각합니다. 감히 이단의 거짓 친절과 호의가 견줄 수 없을 만한 그런 영적인 교제가 필요합니다.

중보기도는 내가 능력이 있어서, 영적인 은사가 있어서, 말씀을 많이 알고, 기도를 많이 하고, 직분이 있고, 교회 오래 다니고, 사역을 많이 하기에 할 수 있는 것이 아닙니다. 중보기도의 영향력은 그런 것에서 나오지 않습니다. 중보기도의 강력함은 나의 나 된 것이 다 하나님의 은혜임을 인정하고, 나의 연약함을 하나님 앞에 내려놓는 진정성에서 나옵니다. 그런 자들이 모여 간절하게 부르짖는 공동체가 중보기도의 영향력을 경험할 수 있습니다.

기도는 모든 이들에게 주신 하나님의 선물입니다. 중보기도도 마찬가지입니다. 중보기도는 모든 이들에게 차별 없이 허락된 하나님의 특권입니다. 모든 믿음의 공동체가 하나님께서 주신 중보기도의 특권을 누리며, 하나님의 일하심을 나의 삶에 가져오는 중보기도의 강력함을 경험하기를 간절히 소망합니다.

나의 연약함 고백하기

1. 하나님 앞에 고백하기

우리는 살아가면서 수많은 가면을 씁니다. 지치고 힘든 상황 속에서도 아무렇지 않은 듯 가면을 쓰는 경우들이 있습니다. 가족에게, 친구들에게, 믿음의 지체들에게 나의 연약함을 들키고 싶지 않은 것입니다. 문제는, 하나님께도 그렇게 가면을 쓰고 가식적으로 대한다는 사실입니다.

그러나 하나님은 우리의 연약함을 이미 잘 아십니다. 우리만 우리의 연약함에 집중하지, 하나님은 우리의 연약함에 집중하지 않으십니다. 오히려 그 연약함을 인정하는 이들에게 하나님은 역사하십니다. 나의 연약함을 내려놓고 하나님께 전적으로 의지하고 신뢰하는 자들에게 일하십니다.

하나님께 매 순간 우리의 연약함을 고백하시기 바랍니다. 그리고 우리의 연약함이 부끄러움이 아니라 하나님의 역사를 볼 수 있게 하는 능력이 되게 해달라고 간구하시기 바랍니다. 주님은 지금 우리의 진정성 있는 고백을 기다리십니다.

십자가의 도가 멸망하는 자들에게는 미련한 것이요 구원을 받는 우리에게는 하나님의 능력이라 고전 1:18

형제들아 너희를 부르심을 보라 육체를 따라 지혜로운 자가 많지 아니하며 능한 자가 많지 아니하며 문벌 좋은 자가 많지 아니하도다 그러나 하나님께서 세상의 미련한 것들을 택하사 지혜 있는 자들을 부끄럽게 하려 하시고 세상의 약한 것들을 택하사 강한 것들을 부끄럽게 하려 하시며 하나님께서 세상의 천한 것들과 멸시 받는 것들과 없는 것들을 택하사 있는 것들을 폐하려 하시나니 이는 아무 육체도 하나님 앞에서 자랑하지 못하게 하려 하심이라 고전 1:26-29

_____

_____

_____

_____

_____

2. 동역자와 나누기

중보기도 노트를 준비하십시오. 그리고 여러분의 연약함을 함께 나눌 수 있는 형제, 자매들과 30분 이상 깊은 대화를 나누시기 바랍니다. 그들이 중보기도의 동역자입니다. 서로의 연약함을 고백하고, 서로가 가지고 있는 중보기도제목을 되도록 구체적으로 적고, 기도문을 작성해서 매일 중보기도로 교제를 나누어보십시오.

기도문을 구체적으로 적다보면 기도할 때마다 그 내용이 변할 수 있습니다. 그러면 다른 색상의 펜으로 기도문을 수정해가면서 기도해보십시오. 그리고 일주일 후, 처음 기도문과 수정된 기도문을 가지고 기도의 동

역자와 함께 이야기를 나누어봅시다. 중보기도를 하면서 수정된 기도문
은 하나님께서 여러분을 통해 전하고자 하시는 예언(預言)의 기도일 수
있습니다.

_____

_____

_____

_____

_____

chapter 05

유일한 중보자,
예수 그리스도

어느 날 갑자기 감당할 수 없는 시련이 닥친다면 우리의 마음이 어떨까요? 교통사고로 인해 사랑하는 가족을 잃는 것, 암이나 백혈병처럼 이름만 들어도 다리가 풀리는 병을 얻게 되는 것, 직장을 잃는 것, 사랑하는 사람과 헤어지는 것 등, 우리는 살아가면서 수많은 시련을 만납니다. 그런 시련은 때로 하나님을 원망하게 만듭니다. 더 솔직하게 말하면, 내 마음과 머리로는 원망하고 싶은 생각이 없어도 몸이 반응하며, 어느 순간 나도 모르게 우리의 입술이 하나님을 원망하고 있기도 합니다.

사실, 삶의 어려운 문제가 아니더라도 우리는 습관적으로 하나님을 원망하는 소리를 하며 살아가고 있습니다. 조금만 지치고 힘들고 어려워도 우리는 하나님을 원망의 대상으로 삼아버리곤 합니다. 평세를 하나님께로 돌려버리는 것이지요. 내가 잘못한 상황에서도 하나님을 원망하고, 내 것을 조금만 잃어버려도 하나님을 원망합니다.

왜 그럴까요? 하나님을 원망하기가 가장 쉽기 때문입니다. 사람을 원망하면 그 원망이 나에 대해 좋지 않은 편견으로 고스란히 돌아옵니다. 사람의 시선은 의식하면서, 우리의 원망을 들으시는 하나님의 마음은 전혀 생각하지 못하는 존재가 바로 우리입니다.

하나님을 피해 숨다

아담과 하와도 그랬습니다. 먹지 말라는 선과 악을 알게 하는 나무의 열매를 먹은 아담과 하와는 하나님 앞에서 용서를 구하지 않았습니다. 만약 그들이 잘못을 바로 인정하고 하나님의 용서를 구했다면, 하나님이 당신의 자녀된 피조물을 정말 그대로 버리셨을까요? 저는 아니라고 생각합니다. 그들이 죄를 짓고 난 후에 하나님께서 그들을 모른 척한 것이 아니라 그들이 하나님을 모른 척했습니다.

여호와 하나님이 아담을 부르시며 그에게 이르시되 네가 어디 있느냐 이르되 내가 동산에서 하나님의 소리를 듣고 내가 벗었으므로 두려워하여 숨었나이다 이르시되 누가 너의 벗었음을 네게 알렸느냐 내가 네게 먹지 말라 명한 그 나무 열매를 네가 먹었느냐 아담이 이르되 하나님이 주셔서 나와 함께 있게 하신 여자 그가 그 나무 열매를 내게 주므로 내가 먹었나이다 창 3:9-12

"네가 어디 있느냐?"

하나님께서 물으셨을 때, 이미 아담은 하나님으로부터 스스로를 단절시켰습니다. 아담이 하나님을 피했습니다. 그러나 하나님은 그런 아담과 계속 관계를 이어나가려 질문하십니다.

"누가 너의 벗었음을 너에게 알렸느냐?"

아담의 벌거벗음은 하나님과 아담 사이에 어떠한 가림도 없었다는 상징 아닐까요? 벌거벗은 상태에서는 계급도, 지위도, 신분도 없습니다. 옷을 입는 순간, 우리에게 부여되는 것들이 세상의 계급이요, 지위요, 신분입니다. 의복의 정치학, 의복의 사회심리학적인 요소라고 할 수 있을 것입니다. 우리는 입은 옷에 따라서 이미 그 사람에 대한 편견을 가지게 됩니다. 의식적이든, 무의식적이든 우리는 그렇습니다. 그러나 벌거벗은 상태에서는 모두가 평등하고, 어떤 차별도 없습니다. 하나님과 피조물인 인간의 관계가 바로 그런 것입니다. 하나님은 모든 인간을 평등하게 창조하시고, 그렇게 살기를 원하신 것 같습니다. 하나님께서 꿈꾸시던 에덴, 하나님의 나라는 정말 이사야 선지자가 선포한 그 평화의 나라와 다르지 않았을 것 같습니다.

그때에 이리가 어린 양과 함께 살며 표범이 어린 염소와 함께 누우며 송아지와 어린 사자와 살진 짐승이 함께 있어 어린아이에게 끌리며 암소와 곰이 함께 먹으며 그것들의 새끼가 함께 엎드리며 사자가 소처럼 풀을 먹을 것이며 젖 먹는 아이가 독사의 구멍에서 장난하며 젖 뗀

어린아이가 녹사의 굴에 손을 넣을 것이라 내 거룩한 산 모든 곳에서
해 됨도 없고 상함도 없을 것이니 이는 물이 바다를 덮음 같이 여호와
를 아는 지식이 세상에 충만할 것임이니라 사 11:6-9

그러나 우리는 하나님의 이런 비전과 꿈이 아담과 하와의 범죄함
으로 산산조각 났다는 사실을 잘 알고 있습니다. 인간의 가장 치명
적인 죄는, 첫째가 하나님과 같이 되고자 했던 욕망이고, 둘째로 하
나님께서 회개와 용서의 기회를 주셨을 때 그것을 스스로 포기했다
는 사실입니다. 하나님의 질문에 아담은 '하나님께서 나와 함께 있
게 한 여자'의 책임으로 돌려버립니다.

이것이 왜 치명적인 죄인가요? 아담은 하와에게 핑계를 돌렸지만,
이는 궁극적인 책임이 하나님께 있다는 말이기 때문입니다. 하나님
을 원망하는 아담의 모습입니다. '살 중의 살이요, 뼈 중의 뼈'라고
하던 아담의 입에서 "왜 하와를 나에게 붙여주셔서 내가 이렇게 죄를
짓게 만드십니까?"라는 인간의 본성적이고 이기적인 마음이 고스란
히 드러났습니다. 이런 존재가 바로 인간입니다. 내가 아쉬울 때는
나를 지키기 위해서 하나님까지도 얼마든지 원망하고 배신하는 존
재가 우리입니다.

하나님의 해법
이런 인간의 보편적인 죄성에도 불구하고, 하나님은 우리가 하나

님의 형상을 이식받은 자들이기에 버리지 못하십니다. 죽여야 함에도 차마 죽이지 못하신 것입니다. 그 결과가 무엇입니까? 결국, 하나님 스스로 이 문제를 해결하시기로 했습니다. 예수 그리스도, 바로 하나뿐인 당신의 아들 예수 그리스도를 통해 스스로 어긴 그 법을 해결하셔야 했습니다.

예수님이 요단강에서 세례를 받으셨을 때 하늘에서는 "너는 내 사랑하는 아들이다"(막 1:11)라는 음성이 들렸습니다. 어떤 이들은 이 일이 하나님 아들로서의 대관식이라고까지 표현합니다. 그러면 하나님의 입장에서도 화려한 대관식이었을까요? 아닙니다. 그보다는 이 세상을 구원하기 위해 십자가를 져야만 하는 고난받는 종, 백성의 죄가 제사장을 통해 희생제물에게 전가되듯, 죽을 수밖에 없는 운명을 지닌 하나뿐인 어린양을 내어주는 눈물의 안수식이 아니었을까요?

우리가 아직 죄인 되었을 때에 그리스도께서 우리를 위하여 죽으심으로 하나님께서 우리에 대한 자기의 사랑을 확증하셨느니라 그러면 이제 우리가 그의 피로 말미암아 의롭다 하심을 받았으니 더욱 그로 말미암아 진노하심에서 구원을 받을 것이니 곧 우리가 원수 되었을 때에 그의 아들의 죽으심으로 말미암아 하나님과 화목하게 되었은즉 화목하게 된 자로서는 더욱 그의 살아나심으로 말미암아 구원을 받을 것이니라 그뿐 아니라 이제 우리로 화목하게 하신 우리 주 예수 그 하나님은 당신의 피조물인 인간을 사랑하시기에, 예수 그리스도를 이 세상에 내어주실 수밖에 없었습니다. 그것이 하나님께서 하실 수 있는 최고의 사랑 표현이자 하나님만이 하실 수 있는 인류 구원의 은혜입니다. 예수 그리스도는 그렇게 당신의 죽으심으로 하나님과 인간 사이의 단절된 관계를 회복하시고 화해케 하셨습니다.

그렇기에 우리는 예수님을 통해서만 다시 하나님과의 친밀한 관계로 들어갈 수 있습니다. 그 누구도 하나님과 우리의 단절된 관계를 화해시키기 위해 자신의 목숨을 내놓은 자는 없습니다. 그리고 그럴 자격이 있는 사람도 없지요. 그 자격은 오직 하나님의 아들, 예수 그리스도만이 가지고 있습니다. 그것은 하나님께서 "내 사랑하는 아들이요 내가 기뻐하는 자"라고 말씀하신 그 세례의 순간, 변화산 사건에서 "내 사랑하는 아들"(막 9:7)이라는 음성이 들린 그때, 그리고 십자가에 달린 예수님을 바라보던 백부장의 "진실로 하나님의 아들이었다"(막 15:39)라는 고백에서 확증됩니다.

유일하신 중보자

예수 그리스도만이 하나님과 우리 인간 사이에 유일한 중보자이십니다. 가장 완벽한 중보자, 단 한 명뿐인 중보자가 바로 예수 그리스도이십니다.

하나님은 모든 사람이 구원을 받으며 진리를 아는 데에 이르기를 원하시느니라 하나님은 한 분이시요 또 하나님과 사람 사이에 중보자도 한 분이시니 곧 사람이신 그리스도 예수라 그가 모든 사람을 위하여 자기를 대속물로 주셨으니 기약이 이르러 주신 증거니라 딤전 2:4-6

우리는 히브리서 9장의 말씀을 기억해야 합니다.

이로 말미암아 그는 새 언약의 중보자시니 이는 첫 언약 때에 범한 죄에서 속량하려고 죽으사 부르심을 입은 자로 하여금 영원한 기업의 약속을 얻게 하려 하심이라 히 9:15

그리스도께서도 단 한 번 당신 자신을 제물로 바치셨습니다. 그러나 많은 사람의 죄를 없애주셨고 다시 나타나실 때에는 인간의 죄 때문에 다시 희생제물이 되시는 일이 없이 당신을 갈망하고 있는 사람들에게 구원을 가져다주실 것입니다. 히 9:28, 공동번역

히브리서 9장 15절의 새 언약의 중보자이신 예수는 히브리서 9장 28절에서 말하듯이 "단 한 번 당신 자신을 제물로 바치셨"으므로 첫 언약(구약 제사를 통해서는 사람의 죄를 완전히 제거하지 못한다는 치명적인 결함이 있음)의 실패를 스스로 감당하셨습니다. 예수 그리스도의 십자가 사건은 '단 한 번의 완벽한 구속 사건'입니다. 그래서 예수님은

주를 믿고 살망하는 이들에게 구원을 가져다주시는 중보자가 되어 주십니다.

그러므로 우리는 예수님을 믿음으로, 예수님을 통해서 구원을 받을 수 있습니다. 이것이 하나님의 사랑 방법, 구원의 프로세스입니다. 예수님을 통하지 않고는 절대 하나님과 단절되었던 관계를 회복할 수 없습니다. 세상에 수많은 거짓 선지자들과 예언자들이 있었지만, 그들은 모두 이 땅에서 죽고 사라졌습니다. 아무리 이 땅에서 사람들을 미혹하고 거짓으로 재림 예수인 척해도, 심장 박동기가 '0'이 되는 순간 지옥의 심판을 면하지 못할 저주받은 인생에 불과합니다. 히브리서 기자는 말합니다.

한번 죽는 것은 사람에게 정해진 것이요 그 후에는 심판이 있으리니
히 9:27

우리는 이 말씀을 절대 소홀히 넘어가서는 안 됩니다. 그리스도께서 하나님과 우리 사이의 중보자가 되신 이유도 우리가 하나님의 심판대 앞에 서는 그때를 위함입니다. 결국 우리가 하나님의 나라에 거하지 못한다면, 영생의 구원을 받지 못한다면, 죽음의 권세 가운데서 건짐을 받지 못한다면 예수의 십자가 사건은 우리에게 아무 소용이 없습니다. 우리는 하나님과 인간 사이의 중보자 되시는 예수를 바라봐야 합니다.

> 믿음의 주요 또 온전하게 하시는 이인 예수를 바라보자 그는 그 앞에 있는 기쁨을 위하여 십자가를 참으사 부끄러움을 개의치 아니하시더니 하나님 보좌 우편에 앉으셨느니라 히 12:2

우리는 이 말씀을 기억해야 합니다. 믿음의 주이신 예수, 또 우리와 하나님과의 관계를 온전하게 하시는 예수를 바라보아야 합니다. 그분이 하나님 보좌 우편에서 무엇을 하시겠습니까? 중보자 되시는 예수 그리스도께서 하시는 일은 하나님 앞에서 우리를 변호하는 것입니다.

> 예수는 영원히 계시므로 그 제사장 직분도 갈리지 아니하느니라 그러므로 자기를 힘입어 하나님께 나아가는 자들을 온전히 구원하실 수 있으니 이는 그가 항상 살아 계셔서 그들을 위하여 간구하심이라 히 7:24,25

예수님은 하나님께 우리를 위해서 중보해주시는 분입니다. 이 땅에서 우리가 예수님을 경험할 수도, 볼 수도 없다고 말하는 것은 지극히 제한된 우리의 사고입니다. 주님은 항상 살아 계시며, 오늘도 내일도, 또 영원히 살아 계십니다. 그리고 '예수를 힘입어 하나님께 나아가는 자들'을 온전히 구원하실 수 있으며, 예수님은 그들을 위해서 지금도 간구(중보)하고 계십니다. 이것이 바로 예수 그리스도께서 중보자로서 우리에게 허락하신 은혜입니다. 예수님의 중보는 우리의 구원에 대한 부분입니다(요일 2:1,2). 우리의 영생에 대한 부분입니다. 우리의 속죄에 대한 부분입니다. 이것을 절대 잊어서는 안 됩니다.

우리가 지금 하는 중보기도는 중보자 되시는 예수 그리스도의 기도와는 본질적으로 다릅니다. 다를 수밖에 없습니다. 달라야 합니다. 만약 우리가 중보자 되신 예수 그리스도의 중보기도를 한다면, 우리는 "하나님의 아들을 짓밟고 자기를 거룩하게 한 언약의 피를 부정한 것으로 여기고 은혜의 성령을 욕되게 하는 자가 당연히 받을 형벌은 얼마나 더 무겁겠느냐"(히 10:29)라는 말씀의 심판을 피하지 못할 것입니다.

우리의 중보기도는 대속의 기도도, 속죄하는 기도도 아닙니다. 우리의 중보기도는 죄의 무게가 너무 무겁기에 하나님 앞에서 살려달라는 '몸부림'이고, 속죄의 은총을 간구하는 '울부짖음'이며, 오늘도 하나님의 은혜가 아니면 단 한순간도 살 수 없는 자들의 '간절한 기도'입니다. 그 이상도, 그 이하도 아닙니다.

우리는 이미 예수께 속한 그리스도인입니다. 우리의 중보기도는 그리스도인으로서 하나님의 아들 예수 그리스도의 은혜에 참여하기 위함입니다. 그런데 나만 참여하는 것이 아니라, 참여하고 싶지만 삶이 어려워, 낙심되어, 절망 가운데서 헤어나오지 못하고 포기와 낙망의 절벽 끝에 서 있는 믿음의 식구들, 이 나라와 민족, 열방, 하나님께서 창조하신 모든 세계가 함께 하나님의 은혜 가운데 참여하기 위함입니다.

그래서 중보기도는 이타적인 기도입니다. 나를 주께로, 너를 주께로, 우리를 주께로 인도하는 기도입니다. 그래서 하나님은 이 중보기도를 기뻐하십니다. 그리고 남을 위해서 더욱 기도하라고 요청하십니다. 더 이타적인 기도를 하라고 가르치십니다. 하나님을 사랑하는 것처럼 이웃을 사랑하라고 말씀하시는 예수님의 가르침을 기억한다면, 우리의 기도는 세상을 향해서, 이웃을 향해서 밖으로 뻗어나가는 기도가 되어야 합니다. 안에만 머무는 기도가 아니라, 하나님의 음성을 세상으로 흘려보내는 기도가 되어야 합니다.

하나님이 원하시는 중보기도

그러면 하나님께서 원하시는 중보기도자는 어떤 기도를 올려드려야 할까요? 시편 99편에는 의미 있는 시구가 기록되어 있습니다.

너희는 여호와 우리 하나님을 높여 그의 발등상 앞에서 경배할지어다 그는 거룩하시도다 그의 제사장들 중에는 모세와 아론이 있고 그의 이름을 부르는 자들 중에는 사무엘이 있도다 그들이 여호와께 간구하매 응답하셨도다 시 99:5,6

시편 99편의 기자는 모세와 아론과 사무엘을 하나님과 이 백성

사이의 중보자로 소개합니다. 우리는 이들의 중보가 민족을 살리는 기도였다는 사실을 기억합니다. 그러나 이들은 구원자로서 중보자가 아닙니다. 하나님의 섭리 안에서 하나님과 백성의 중재 역할을 감당하던 중보자입니다.

어떻게 보면, 우리의 중보기도는 모세와 아론의 중보기도를 닮아가야 하지 않을까 생각합니다. 하나님께 이 민족을 살려달라는 기도를 하는 것이지요. 하나님께 이 시대의 교회를 살려달라는 기도를 하는 것입니다. 그것이 바로 모세가, 아론이, 사무엘이 하나님 앞에서 했던 기도의 내용입니다.

하나님은 이들을 하나님 통치의 통로로 사용하셨고 응답하셨습니다. 이들을 통해서 하나님나라를 세워나가셨습니다. 하나님은 때로는 징계로, 때로는 용서로, 때로는 그들의 기도에 직접 응답하심으로 하나님의 나라를 세워나가셨습니다.

우리가 살아가는 이 시대에는 행정적으로 대통령과 총리가 있습니다. 그러나 그들은 이 세상의 위정자이지, 하나님나라의 통치자들은 아닙니다. 우리가 하나님나라를 꿈꾸고 이 땅에 세워나가고자 한다면, 하나님의 통치 안에 거해야 합니다. 그리고 우리가 하나님의 음성을 듣고 이 땅에서 하나님의 백성으로 살아가야 합니다. 중보기도는 바로 하나님의 백성으로서 이 땅에 하나님의 나라를 세워나가기 위한 도구이자 몸부림입니다.

세상의 가치관과 하나님나라의 가치관은 늘 충돌합니다. 가치 기준이 다르기 때문입니다. 세상은 물질과 돈과 명예, 그리고 이념에 따라서 선을 긋고 편을 가르지만, 하나님나라의 가치관은 그 모든 것들을 거부합니다. 사랑과 용서, 평화와 배려, 자비와 긍휼, 인내와 이해의 삶을 요청하지요. 교회가 하나님나라의 모형이라면, 그런 공동체가 되어야 합니다. 우리는 이 시대와 민족, 나라와 열방, 그리고 믿음의 공동체를 위해서 기도해야 합니다. 모세와 아론이 되어야 하고, 사무엘이 되어야 합니다. 믿음의 공동체라고 말하지만, 하나님의 음성에 따라서 반응하는 것이 아니라 세상의 기준과 가치관에 휩쓸리고 있는 공동체를 위해서 중보해야 합니다. 하나님께서 사울을 버리셨을 때, 사무엘은 이렇게 말합니다.

사무엘이 이르되 여호와께서 번제와 다른 제사를 그의 목소리를 청종하는 것을 좋아하심같이 좋아하시겠나이까 순종이 제사보다 낫고 듣는 것이 숫양의 기름보다 나으니 이는 거역하는 것은 점치는 죄와 같고 완고한 것은 사신 우상에게 절하는 죄와 같음이라 왕이 여호와의 말씀을 버렸으므로 여호와께서도 왕을 버려 왕이 되지 못하게 하셨나이다 하니 삼상 15:22,23

혹시 우리도 사울처럼 하나님의 말씀을 버리고, 하나님의 목소리를 청종하는 것을 가볍게 여기고 있지 않습니까? 하나님께서 이 시대의 중보자로 우리를 부르신 것은 그리스도인으로서, 즉 나를 사랑하사 자기 아들을 내어주신 하나님의 사랑에 빚진 자로서 부르심이요, 간절한 요청입니다. 천박한 자기중심적, 물질 중심적인 기도에서 벗어나, 남을 살리고 이롭게 하는 기도를 부탁하고 계십니다. 제발, 은혜를 경험한 사람답게 기도하라는 말씀입니다.

만약 은혜에 빚진 우리가 중보기도를 하지 않는다면, 사울이 여호와의 말씀을 버렸다는 사무엘의 말과 같이 우리도 하나님을 버린 것이나 다름 없다고 생각합니다. 사울이 여호와의 말씀을 버렸을 때, 여호와께서도 사울을 버려 왕이 되지 못하게 하셨다고 사무엘은 말합니다. 우리가 중보기도를 하지 않을 때, 하나님은 우리를 은혜를 잊어버린 이기적인 그리스도인으로 기억하실지도 모릅니다.

지금, 중보기도로 하나님께 나아가야 합니다. 그것이 용서받은 자, 은혜 입은 자, 구원받은 자, 성령께서 함께하시는 자의 삶입니다. 하나님의 음성을 외면하지 마십시오. 이미 하나님은 우리에게 기도할 제목을 허락하셨고, 기도하라고 요청하십니다. 그리스도인답게, 용서받은 자답게 지금 바로 중보의 기도를 시작합시다.

하나님께서 요청하시는 중보기도 1

1. 이 시대의 교회와 성도들을 위해

가장 먼저 이 시대의 교회와 성도들을 위해서 기도해주시기 바랍니다. 하나님나라 백성이라면서 여전히 세상에 한 발, 하나님나라에 한 발을 걸치고 살아가는 성도들을 향해 엘리야가 말합니다.

"어느 때까지 둘 사이에서 머뭇머뭇하려느냐"(왕상 18:21).

이 음성으로 인해 여전히 세상에 휩쓸려 살아가는 귀한 믿음의 형제자매들이 신앙의 결단을 할 수 있도록 기도해주시기 바랍니다.

또한, 교회를 위해서 기도해야 합니다. 세상의 조롱거리가 되어버린 교회를 위해서 기도해야 합니다. 교회는 많지만 예수를 잃어버린 교회, 십자가의 은혜를 포기한 교회, 하나님나라를 거부하는 교회들이 비일비재합니다. 겉으로는 아닌 척하지만, 속으로는 악독이 가득한 교회들도 많습니다. 예수께서 '회칠한 무덤'이라고 호통치실 교회가 너무 많습니다. 귀한 성도들을 조롱하고, 속이고, 미혹하는 교회들이 있습니다.

교회가 교회다워지기를 기도합시다. 교회가 물질로부터 멀어지고, 명예로부터 멀어지고, 세상의 정치 권력으로부터 멀어지기를 위해서 기도합시다. 교회는 하나님나라의 모형입니다. 하나님께서 통치하시는 나라가 하나님나라입니다. 하나님께서 이 시대 교회의 참된 주인이 되어주시길 중보합시다.

_____

_____

_____

_____

_____

2. 중보자들을 위한 기도

중보기도자들을 위해서 기도해주시기 바랍니다. 사탄은 중보기도를 싫어합니다. 증오합니다. 그래서 어떻게든 중보기도를 멈추게 하고, 중보기도 모임을 막으려 합니다. 중보기도에는 엄청난 영적 에너지가 있기 때문입니다.

우리 하나님은 중보기도자들의 기도를 들으십니다. 이 기도는 하나님을 움직이는 기도이며, 하나님의 역사를 요청하는 기도입니다. 그래서 중보기도자들이 계속 일어나야 합니다. 더 나타나야 합니다. 숨어 있는 기도의 고수들을 만나시기 바랍니다. 그리고 함께 기도하시기 바랍니다. 영적인 분별력을 달라고 함께 하나님께 매달리시기 바랍니다.

그러한 이들과 함께 중보기도의 모임을 늘려나가고, 중보기도 네트워킹을 만드시기 바랍니다. 두세 사람이 모인 곳에는 놀라운 하나님의 역사가 기다리고 있습니다. 전도서에 보면, 동무에 대한 말씀이 있습니다. 기도의 동무를 기대하시기 바랍니다. 하나님이 우리에게 중보기도의 동역자를 허락하실 것입니다.

두 사람이 한 사람보다 나음은 그들이 수고함으로 좋은 상을 얻을 것임이라 혹시 그들이 넘어지면 하나가 그 동무를 붙들어 일으키려니와 홀로 있어 넘어지고 붙들어 일으킬 자가 없는 자에게는 화가 있으리라 또 두 사람이 함께 누우면 따뜻하거니와 한 사람이면 어찌 따뜻하랴 한 사람이면 패하겠거니와 두 사람이면 맞설 수 있나니 세 겹 줄은 쉽게 끊어지지 아니하느니라 전 4:9-12

_____

_____

_____

_____

chapter 06

교제,
그리고 중보기도

우리 공동체의 한 청년이 했던 이야기가 기억납니다. 그 청년의 부모님은 믿음이 좋으시고, 교회에서도 여러 귀한 일을 섬기는 권사님 부부이십니다. 이 권사님 내외의 기도제목은 모든 가족이 예수를 믿는 것이었습니다. 두 아들, 그리고 넓게는 어머님과 형제들까지 모두 예수님을 믿어 명절에 제사 대신 추도예배를 드리는 것이 늘 기도제목이었습니다.

하나님은 권사님 부부의 간절한 기도를 들어주셨습니다. 먼저는 두 아들이 예수님을 믿게 되었고, 나중에는 어머니도, 형제들도 예수님을 믿게 되어, 정말 명절에 제사 대신 추도예배를 드리게 되었습니다. 첫 추도예배를 드리고 고향에서 올라오셔서 상기된 표정으로 "목사님, 우리 제사 안 지내고 모든 가족이 예배를 드렸습니다"라고 말씀하시던 권사님의 환한 얼굴을 잊을 수가 없습니다.

희미한 가능성

권사님의 두 아들이 교회에 나오게 된 것은 어머니와 아버지의 기도 때문입니다. 새벽마다 두 아들의 구원을 위해 얼마나 열심히 기도하셨는지 모릅니다. 한번은 권사님이 모든 교역자들을 집으로 초청해서 음식을 대접해주셨습니다. 그때 군 복무 중 휴가를 나와 있던 둘째 아들이 집에 있었습니다. 당시에는 믿음이 없었을 뿐 아니라, 교회에 다니는 부모님에게 교회 나가면 뭐 좋은 게 있느냐고 질문하던 아들이었습니다. 저는 그 형제에게 반갑게 인사를 건넸고, 그 형제는 어색하고 쑥스러웠는지 머쓱하게 인사를 하고 그 자리를 피했습니다. 아마도 제가 교회에 나오라고 말할 것을 눈치채고 사전에 피했던 것이 아닌가 저 혼자 생각했습니다.

그러던 청년이 교회에 나오게 되었습니다. 제 눈을 피하던 청년이 지금은 세례도 받고, 청년 공동체 찬양팀에서 드럼으로 반주도 하고 있습니다. 이 청년이 교회 다니는 청년들과 첫 엠티를 다녀와서 했던 말이 참 기억에 남습니다.

"술도 없는데 이렇게 더 재미있게 놀고 교제 나눌 수 있다는 것이 참 신기하네요. 너무 재미있었습니다."

이 말을 듣는데, 왠지 모를 벅찬 감정이 느껴졌습니다. 교회 다니는 청년들조차 세상의 문화에 휩쓸려가는 이 시대에 세상 유흥의 상징인 술이 없어도 재미있었다는 그 말이 '희미한 가능성'으로 들렸기 때문입니다.

지금은 세상의 문화가 교회 문화를 압도하고 있습니다. 불과 20년 전만 해도 교회 문화가 세상을 압도했습니다. 1990년대만 해도 교회에서 했던 여름성경학교, 겨울성경학교는 교회를 다니는 아이나 다니지 않는 아이나 모두 교회에 와서 함께 놀고, 성경을 배우며, 찬양과 율동을 하고, 선물도 받는 축제의 잔치였습니다. 성탄절이 되면 함께 동네를 돌며 새벽송을 하고, 만나는 이들과 성탄의 인사를 나누면서 기쁨으로 교제를 나누었습니다. 뿐만 아니라, 교회가 마을의 행사를 주도했고, 교회를 다니지 않는 분들까지도 교회의 도움을 받고, 또 필요할 때는 도움을 주기도 했습니다. 그런데 어느 순간 교회는 진부하고 고리타분하며 시대에 뒤떨어진 집단이 되었고, 교회 문화는 세상의 청년들에게 재미도 매력도 없는 문화가 되어버렸습니다. 이것이 지금의 현실입니다.

그런데 그 청년의 한 마디가 저에게는 아주 희미한 가능성, 거룩한 크리스천 문화에 아직은 희망이 있음을 보았습니다. 그러면서 '그렇다면 무엇을 크리스천 문화의 무기로 삼아야 할까?' 하는 고민을 하게 되었습니다. 사실, 지금은 교회가 세상의 문화를 뒤따라가고 있는 현실임을 부정하고 싶지 않습니다. 찬양집회를 하더라도 이제는 각양각색의 조명이 필요하고, 세상의 풍부한 감수성을 담고 있는 디자인과 시대를 선도하는 영상 프로그램과 장비들이 필요합니다. 또 찬양의 곡조 또한 세상 문화에 영향을 받고 있습니다.

이것들이 무조건 틀렸다는 건 아닙니다. 시대에 발맞춰 나가야 하는 부분도 있습니다. 그래야 교회가 세상과 소통할 수 있고, 세상이 교회에 관심을 가질 수 있는 다리 역할도 필요하니까요. 그러나 제가 생각하는 '희미한 가능성'은 교회가 세상의 문화를 따라가는 것에 있는 것이 아니라, 세상에서 느껴보지 못한 '낯설음, 혹은 새로운 신선함'을 교회에서 느껴야 한다는 것입니다.

이 청년에게는 술이 없어도 친구들과 아무 거리낌 없이 재미있게 게임을 하고 교제를 나누던 것이 낯설지만 새롭고 신선했던 것입니다. 특별한 프로그램은 없었지만, 이 청년들은 엠티를 갖는 분명한 목적을 가지고 있었고, 그 목적에 따라서 모든 시간을 집중했으며, 본질을 놓치지 않았습니다. 이것이 중요합니다.

본질을 놓치면 안 된다

청년부 엠티의 본질은 서로 알아가는 교제에 있었습니다. 그런데 잘 생각해보십시오. 세상의 모임에서는 서로를 알아가고 공동체성을 강화한다는 명분 아래 술이라는 도구를 사용합니다. 빠질 수 없는 필수품입니다. 하지만 시간이 지날수록 주객이 전도되어 도구가 되어야 할 술이 주(主)가 되고, 사람이 객(客)이 되는 경우들을 많이 봅니다. 대학에서 연초마다 진행되는 신입생 오리엔테이션이나 엠티에서 술로 인해 발생하는 사건, 사고들이 얼마나 많습니까? 이것이 바로 주객이 전도된 대표적인 사례가 아닐까요? 본질이 본질로서 드러나야 하는데, 본질이 본질로 드러나는 것이 오히려 어색하고 낯선 시대가 된 것입니다.

교회도 마찬가지입니다. 교회의 본질은 예수 그리스도, 바로 십자가의 사랑과 은혜가 세상으로 흘러가게 하는 것에 있습니다. 우리가 살아가는 이 땅에 복음을 전하고, 예수께서 전하시고 시작하신 하나님의 나라를 계속 세워나가는 것입니다. 이 본질을 위해서 세상의 문화를 도구로 사용해야지, 도리어 세상의 문화에 흡수되어 정체성을 잃어버리면 안 됩니다. 그래서 말씀과 기도라는 신앙의 본질을 가지고 교제를 나누고 훈련을 진행해야 합니다.

청년들이 신앙적으로 말씀과 기도에 익숙하지 않은 건 비단 우리 청년들만의 문제는 아닐 것입니다. 청년들과 성도들도 생각으로는 말씀과 기도가 신앙생활의 본질이라는 것에 동의하지만, 실제 몸이 반응하는 것은 더 쉽고 편하게 듣고 수용할 수 있는 것들입니다.

처음 청년 공동체에 부임했을 때, 저는 제자훈련과 큐티를 중심으로 청년들을 훈련했습니다. 기존에 계획되어 있던 친교 행사를 대폭 줄이고, 여름과 겨울 행사도 수련회 대신 사경회로 진행했습니다. 처음에는 반발도 있었습니다. 교제할 수 있는 시간이 너무 적다는 것입니다. 그때 청년들에게 솔직하게 이야기했습니다.

"교회에서 청년들에게 친교의 시간과 장소를 계속 마련해주어야 진정한 친교가 이루어질까요? 우리는 늘 하나님과 교제를 나누고 싶다고 말하지만, 하나님과 친밀한 교제를 나누기 위해서 얼마나 노력하고 있습니까? 법학도는 법관이 되기 위해서 얼마나 많은 법전을 읽고 암기할까요? 의대생은 의사가 되기 위해서 의학서적을 읽는 데 얼마나 많은 시간을 투자할까요? 그런데 그리스도인, 하나님의 자녀라는 우리는 그분의 말씀을 읽고 기억하고 삶에 실천하는 일에 얼마나 많은 시간과 정성을 들이고 있습니까? 진짜 '지금' 우리가 나눠야 하는 교제가 공동체의 친교입니까, 아니면 하나님과의 친밀한 사귐입니까?"

청년들의 반발을 각오하고 한 이야기였습니다. 그런데 하나님께서 청년들의 마음을 녹여주셔서 저의 진심을 알게 해주셨습니다. 청년들은 자신의 신앙생활을 돌아보았고, 하나님의 말씀을 묵상하는 방법도 모르고 있는 자신을 반성하며 하나님과의 교제에 대한 소망을 가지기 시작했습니다.

그럼에도 처음에는 청년들이 너무 힘들어했습니다. 큐티를 해도 묵상이 잘되지 않고, 그 묵상을 삶에 적용하기는 더욱 어려웠기 때문입니다. 그러나 시간이 지날수록 큐티와 제자훈련을 중심으로 서로 영적인 교제를 나누는 청년들이 늘어갔습니다. 1년이 지나자 조금씩 큐티와 제자훈련에 적응해갔고, 2년이 지나가 큐티와 제자훈련을 자발적으로 진행하는 청년들이 나타나기 시작했습니다. 3년이 지나자 청년들 안에서 큐티와 제자훈련이 당연시 여겨졌고 자발적인 나눔 모임을 만들어 깊은 영적 교제를 나누게 되었습니다.

처음에 친교 시간이 없다고 반발하던 청년들도, 이제는 매일 큐티를 하면서 자신의 삶 가운데 말씀하시고 일하시는 하나님을 경험하게 되었습니다. 신앙의 본질이 말씀과 기도라는 것을 인식하게 되자, 이제는 사변적인 교제보다 영적인 교제를 추구하는 청년들이 늘어났습니다.

바로 이런 것이 영적인 낯설음입니다. 세상과 교회 사이에서 갈팡질팡하는 청년들이 교회에서도 세상의 익숙한 문화의 연속선상에 서는 것이 아니라 세상과 일시적인 단절을 경험하고, 대신 영적인 낯설음을 경험하면서 무언가 그들의 삶에 변화가 필요함을 깨닫게 하는 것입니다. 저는 이것이 희미한 가능성이라고 생각합니다. 세상에 찌들대로 찌든 이 시대의 청년들, 그리고 세상과 교회 사이에서 양다리를 걸치고 살아가는 그리스도인들에게 새로운 신선함, 누군가에게는 낯선 단절을 경험하게 할 수 있는 영적인 장치가 필요한 것입니다. 중보기도는 이러한 영적 교제의 본질적인 도구이자, 하나님의 음성을 깊이 깨닫고 삶에 적용하면서 공동체를 하나로 묶을 수 있는 영적 교제의 도구가 됩니다.

기분 좋은 낯설음

중보기도는 위로는 하나님과 친밀함을 나누는 다리며, 옆으로는 이웃을 향한 사랑의 교제입니다. 세상 사람들은 중보기도를 하지 않습니다. 아니, 할 수가 없습니다. 그들도 안타까운 사연을 접할 때 그에 공감하지만, 그들을 위해서 중보기도를 하지는 않습니다. 물질적 후원을 할 수는 있어도, 그들의 삶에 적극적으로 개입하실 수 있는 하나님께 그들을 위한 기도를 드릴 수는 없습니다. 그래서 중보기도를 할 수 있는 자들이 참 복된 것 같습니다.

그리스도인들이 하나님과 나누는 그 친밀한 교제를 세상 가운데서 실천한다면, 이 땅은 진정 복될 것입니다. 어두움으로 가득한 세상 가운데서 참 빛이신 예수 그리스도와의 교제가 이루어진다면, 그것이 이 땅에서 작은 소망의 불빛이 되지 않을까요? 돈과 힘이 가치 판단의 기준이 되어버린 세상 속에서 전혀 낯선 성령의 인도하심과 역사를 경험한다면, 이 땅 가운데서도 하나님의 나라를 보게 되지 않을까 기대해봅니다. 이런 낯설음, 새로운 신선함이 교회 공동체 가운데서 경험되어질 때, 세상과 다른 매력을 느낄 수 있습니다.

중보기도는 이런 영적인 교제를 위한 탁월한 통로입니다. 중보기도를 통해서 우리는 그동안 세상에서는 경험할 수 없던 기분 좋은(본질적으로 다른) 낯설음을 경험할 수 있습니다. 우리뿐만 아니라 우리가 마음에 품고 기도하는 이들 또한 이 귀한 경험을 할 수 있습니다.

저는 청년들이 매일 말씀으로 훈련되고, 그 위에 기도의 씨앗이 뿌려지면서 서로를 위해 기도하는 아름다운 모습을 볼 수 있었습니다. 청년들 스스로 이렇게 아름다운 경험을 하면서 기존의 피상적이었던 교제가 더 깊어지는, 더 영적으로 통하는 관계가 된 것입니다.

서로의 슬픔을 같이 슬퍼하고, 서로의 기쁨을 함께 즐거워할 수 있는 공동체가 되어가고 있었습니다.

하나님의 관점으로 바라보기

한 자매의 어머니께서 뇌출혈로 쓰러지셨습니다. 친구분들과 식사를 하시다 갑자기 쓰러지셨는데, 나행히 식당 손님 중에 간호사 선생님이 있어 심폐소생술을 시행해 호흡을 되찾고 응급실로 바로 이송되셨습니다. 진단 결과 뇌출혈로 인해서 뇌가 부었는데, 저혈압이라 수술을 할 수 없는 절망적인 상황이라고 했습니다.

자매의 연락을 받은 저는 청년들에게 바로 긴급 중보기도제목을 나누고 기도를 요청했습니다. 금요일에 이 소식을 들었기에, 모든 청년들이 주일까지 긴급 중보기도 모임을 가지며 눈물로 기도했습니다. 53세. 가시기에는 너무 젊은 나이셨기에 모든 청년들이 딸과 아들의 마음으로 기도했습니다.

그러나 하나님은 바로 다음 날, 월요일 새벽에 권사님을 데려가셨습니다. 참 마음이 아팠습니다. 아마도 권사님은 본인이 할 수 있는 최선을 다해서 가족이 마음의 준비를 할 수 있도록 3일의 시간을 버티신 것 같았습니다. 너무 마음이 아팠지만, 청년들에게 권사님의 부고(訃告)를 전했습니다. 청년들 또한 적지 않은 충격을 받았습니다. 우리의 중보기도는 그렇게 마무리가 되는 줄 알았습니다. 그런데 하나님께서는 그 슬픔 가운데서 중보기도의 능력을 경험케 하셨습니다.

청년들과 조문예배를 드리게 되었는데, 약 60여명의 청년들이 함께 참여하여 슬픔에 빠진 유가족을 위로했습니다. 청년 공동체의 절반이 그 자매와 슬픔을 같이 나눈 것입니다. 권사님의 회복을 위해서 중보기도를 하던 이들이 모두 모였습니다. 그리스도인의 생활에 대한 바울의 권면 중에서 이 말씀이 떠올랐습니다.

즐거워하는 자들과 함께 즐거워하고 우는 자들과 함께 울라 롬 12:15

저는 이 말씀이 실제 우리 공동체 안에서 구현되고 있다는 사실에 너무도 감격스러웠습니다. 그 주 청년 공동체 예배에서 저는 이런 말씀을 나누었습니다.

지난주에 우리 A 자매 어머니의 장례식이 있었습니다. 지난 주간에 우리는 계속 A 자매 어머니의 기적과 같은 회복을 위해서 기도했습니다. 간절히 눈물로 기도했습니다. 우리가 살펴보았던 말씀을 기억하면, 주님은 권사님을 살려주셨어야 했습니다.

그러나 하나님은 권사님을 먼저 하나님의 나라로 데리고 가셨습니다. 완벽한 실패지요. 아마 여러분 중에 '기도해도 하나님이 기적을 주시지 않았다'라며 원망하는 이들도 있었을 겁니다. 그런데 여러분, 그렇지 않습니다. 생명은 하나님께서 주관하십니다. 우리는 최선을 다해 우리의 간구를 하나님께 전달하는 것까지 할 수 있습니다. 결과는 하나님께서 인도하시는 것입니다. 권사님은 지금 하나님 품에 안기어 이 세상이 줄 수 없는 가장 놀라운 평안을 경험하고 계십니다. 저는 확신합니다.

게다가 이 상황을 마주하는 우리 A 자매의 고백이 너무도 감사하고, 큰 감동이 되었습니다.

"갑자기 돌아가셨으면 너무 당황스럽고 황망했을 텐데, 엄마가 저희에게 준비할 수 있는 3일의 시간을 선물로 주고 가신 것 같아요. 그래서 참 감사해요."

이런 관점이 바로 하나님의 나라를 살아가는 청년의 삶 아닐까요? 저는 이 자매뿐 아니라 권사님의 장례를 위해서 함께 기도해주고, 조문예배에 참석해주신 모든 청년들, 우리 청년 공동체 모두에게 참 감사하고 감동을 받았습니다. 제가 지금까지 참석한 조문예배 중에서 가장 많은 청년이 이번 조문예배에 참석했습니다. 게다가 우리가 식사하면 장례식장에 계신 분들과 조문을 오시는 분들에게 폐를 끼치는 것 같아서 식사도 하지 않고 그냥 나왔습니다. 제가 시킨 것이 아니라 청년들이 자발적으로 결정해서 저에게 말해주었습니다. 이게 하나님나라 아닌가요? 힘들 때는 그렇게 함께 울고, 기쁠 때는 그렇게 함께 즐거워할 수 있는 공동체가 바로 하나님나라의 공동체이지요.

저는 이런 것이 제자로 살아가는 청년들의 삶이라고 생각합니다. 물론 이것 하나로 모든 것을 판단할 수는 없겠지요. 하지만 이렇게 배워나가는 것입니다. 이렇게 날마다 십자가를 품고 예수님을 따라가는 것입니다.

내가 손해 보는 것 같아도 그것이 예수 그리스도를 따라 사는 삶이라면, 절대 포기하지 마십시오. 절대 손해가 아닙니다. 우리 주님이 책임지십니다. 내가 바보같아 보여도 그것이 날마다 십자가를 지는 삶이라면, 절대 기죽지 마십시오. 절대 바보가 아닙니다. 우리 예수님이 당신을 들어서 사용하십니다. 내가 아무리 부족하고 연약한 것 같아도 그것이 하나님나라를 위해서 쓰임받는 길이라면, 절대 멈추지 마시기 바랍니다. 그럴수록 더욱 공동체 안으로 들어오시기 바랍니다.

절대 포기할 수 없는 중보기도

아니나다를까, 어떤 청년은 우리가 그렇게 간절히 기도했는데 왜 하나님은 이렇게 허무하게 권사님을 데려가실 수 있냐며 원망하는 마음을 품었다고 했습니다. 같이 기도했던 사람으로서 당연히 허망할 수 있습니다. 그러나 중보기도를 하는 자들이라면, 이런 아픔과 슬픔 가운데서도 원망보다는 서로 더 위로하고 보듬어주며, 이해하고 배려함으로 슬픔을 같이 나눌 수 있어야 합니다. 그렇게 더 성숙한 그리스도인의 모습을 보여주면 좋겠다고 생각합니다.

장례식이 다 끝난 후, 우리 청년 공동체의 중보기도 팀장인 자매가 저에게 이런 메시지를 보내왔습니다.

사랑하는 목사님. 다름이 아니라 하나님께, 그리고 목사님께 너무 감사해서 메시지를 보내요. 목사님께서 정말 그토록 말씀하셨던 기도하는 공동체, 중보기도하는 공동체, 기도로 교제를 나누는 공동체, 사랑으로 하나가 되는 공동체를 느낄 수 있었어요. 이단에 빠졌던 청년을 위해 중보할 때까지만 해도 목사님께서, 또 하나님께서 말씀하시는 공동체의 모습을 '향해' 우리가 나아가고 있다고 생각했어요. 그런데 어제 많이 깨달았어요.

'바로 이런 모습이구나! 바로 이게 주님이 원하시는 기도하는 공동체구나!'

그래서 저도 너무 감사했어요. 그 모든 상황이 다 감사했어요. 그 슬픔을 저희가 어떤 말로도 위로할 수 없어서 쉬지 않고 기도했는데, A 언니가 문제를 넘어 일하시는 주님을 바라본다고 했을 때, 정말 눈물이 났어요. 정말 우리가 상상할 수조차 없는 하나님의 일하심을 찬양합니다. 그리고 앞으로 더욱 힘써 중보기도하는 청년 공동체의 일원이자 주님의 제자가 될게요.

주께는 기도로 올려드렸지만, 목사님께도 꼭 전해드리고 싶었어요. 중보기도팀이 따로 구성된 공동체보다 공동체 자체가 중보기도팀이 되기를 소망하고 기도합니다. 절대 교만하지 않고 주님이 기도하라고 하시는 것에 더욱 힘써 기도하는 중보기도자가 되겠습니다. 정말 감사합니다.

메시지를 받고 얼마나 감사했는지 모릅니다. 이 시대의 청년들이 하나님을 알아가는 것, 하나님의 음성에 따라서 반응하면 살아가는 것, 그분이 원하시는 공동체를 이루어 나가는 것, 그들의 삶 가운데서 하나님의 나라를 세워나가려고 몸부림치는 것, 그리고 실제 그 귀한 일들이 우리 공동체 가운데 나타나고 있다는 사실에 너무 감사했습니다.

저는 이런 교제가 참된 그리스도인의 교제라고 생각합니다. 중보기도를 통해서 영적으로 같은 방향성을 바라보고, 한 공동체 안에서 서로의 생각을 나누고 이해하며 하나님의 나라를 세워나가는 것입니다. 그래서 중보기도는 세상의 교제와 전혀 다른 하나님나라의 교제입니다. 세상과는 낯선 기쁨을 맛볼 수 있는 하나님나라의 교제입니다.

지금 어떤 교제를 나누고 계십니까? 혹시 교회를 다니면서도 홀로 외로워하고 있지는 않습니까? 아무리 많은 이들과 교제를 나눈다 해도 그 관계가 여전히 피상적이라면, 용기 있는 관계의 정리도 필요합니다. 교회라고 해서 다르지 않습니다. 영적으로 깊은 교제를 나눌 수 있는 이들과 더 많은 시간을 함께 보내야 합니다. 영적으로 서로 도움을 주고받을 수 있는 이들과 더 가까이 함께해야 합니다. 서로 모일 때 기도가 나오는 이들과 함께해야 합니다. 모임 가운데 성령께서 임재하시고 집중하시는 교제를 나누셔야 합니다. 모임 가운데 교회를 욕하고, 목회자를 판단하고, 성도들끼리 뒷말과 이간질을 하는 이들, 쓸데없이 말을 전하는 이들, 부정적인 내용을 전달하는 이들과는 관계를 정리하는 편이 오히려 유익할 것입니다.

중보기도로 모이기에 힘쓰시기 바랍니다.

중보기도로 영적인 교제를 나누시기 바랍니다.

중보기도를 통해서 하나님나라의 의와 뜻이 우리 삶 가운데 이루어지기를 소망하며 기도하시기 바랍니다.

중보기도로 영적인 동역자들을 세우시길 소망합니다.

중보기도를 통해서 세상이 줄 수 없는 위로와 기쁨을 맛보시길 바랍니다.

중보기도로 새로운 신선함, 세상과 다른 낯설음을 경험해보시길 바랍니다.

중보기도는 그렇게 우리의 영적인 교제를 더욱 건강하게 세워줄 것입니다.

지금, 다시, 중보기도를 시작합시다.

06

중보기도훈련

하나님께서 요청하시는 중보기도 2

1. 나라와 민족을 위한 중보

하나님께서는 이 나라와 민족을 위한 중보기도를 우리에게 요청하십니다. 그리스도인이 나라와 민족을 위해서 기도하지 않는다면, 하나님 앞에서 절대 떳떳하지 못할 것입니다. 특히, 대한민국은 하나님께서 특별히 사랑하시는 나라입니다. 동방의 예루살렘으로 불리던 이 나라와 민족을 위해서 모든 그리스도인이 합력하여 기도해야 합니다. 복음의 불모지였던 조선 땅에 목숨을 걸고 복음을 가져왔던 수많은 선교사의 피와 땀의 결실로, 지금 우리는 자유롭게 예배하고 찬양하며 소리를 높여 기도할 수 있습니다. 사회, 정치, 문화, 경제 그 어느 분야도 복음에 빚지지 않은 곳이 없으며, 크리스천의 기도가 닿지 않은 곳이 없습니다. 그런 믿음의 유산을 가졌음에도 불구하고, 우리는 세상에 대해 너무 외면하며 살아가고 있지는 않은지 돌아보길 소망합니다.

모세가 손을 올려 기도할 때는 아말렉과의 전쟁에서 이스라엘이 이기고, 그가 손을 내릴 때면 아말렉 군대에게 밀렸습니다(출 17:8-16). 우리는 이 장면을 기억하면서 나라와 민족을 위해 기도해야 합니다. 우리는 나라와 민족을 위해 손을 들고 기도해야 하는 중보기도자들입니다. 조금 힘이 들고, 팔이 저리고, 그만두고 싶은 마음이 생겨도, 끝까지 나라와 민족을 위해 기도해야 합니다. 팔이 아플 때 서로 붙잡아주고, 그만두고 싶을 때 서로 더 격려하며, 목소리가 나오지 않을 때 서로 더 큰 목소리로 울부짖으며 기도해야 합니다. 사탄의 권세로부터 이 땅이 건짐받도록 중보해야 합니다. 어둠의 권세가 빛 되신 주님 앞에서 떠나가도록 기도해야 합니다. 그것이 지금 우리가 나라와 민족을 위해 기도해야 하는 이유입니다.

여호수아가 모세의 말대로 행하여 아말렉과 싸우고 모세와 아론과 훌은 산 꼭대기에 올라가서 모세가 손을 들면 이스라엘이 이기고 손을 내리면 아말렉이 이기더니 모세의 팔이 피곤하매 그들이 돌을 가져다가 모세의 아래에 놓아 그가 그 위에 앉게 하고 아론과 훌이 한 사람은 이쪽에서, 한 사람은 저쪽에서 모세의 손을 붙들어 올렸더니 그 손이 해가 지도록 내려오지 아니한지라 출 17:10-12

_____

_____

_____

_____

_____

chapter **07**

예배,
그리고 중보기도

이화여대에서 예배학을 가르치시는 안선희 교수님은 《예배 돋보기》라는 책에서 이런 말씀을 하셨습니다.

본래 개신교에서 말하는 영성은 개인적인 수준에 머무는 것이 아니라 공동체적이고 사회적인 수준에서 발현되는 것이다. 그럼에도 한국 개신교는 영성이 지닌 공공성 혹은 공적인 차원을 배제함으로써 사사화 (私事化) 되고 개인주의화된 신앙을 형성해왔던 것이다. … 이런 흐름을 바꾸기 위해서 한국 개신교는 중보기도 순서를 예배 안에 포함시키는 것을 긍정적으로 고려할 필요가 있다.

예배학자가 말하는 중보기도의 필요성은 예배의 능동성을 확보

하고, 예배 인도자와 회중이 더 자연스럽고 역동적으로 소통하는 데 있습니다. 안선희 교수님이 중보기도의 필요성에 대해 한 가지 더 말씀하신 것은, 지금 예배 안에 있는 한 사람보다 공동체로서 하나님과의 만남과 교제에 대한 부분입니다. 여기서 말하는 공동체는 단순히 예배를 드리는 교회나 예배 공동체만을 의미하는 것이 아니라, 하나님께서 창조하신 피조물로서의 인류 공동체를 의미합니다.

예배를 드리는 공동체는 내가 속해 있는 공동체만을 위해서 예배를 드리거나 기도해서는 안 됩니다. 더 넓은 차원의 시각을 가져야합니다. 내가 속한 공동체를 넘어 나와 이웃한 공동체의 상황과 아픔을 볼 수 있어야 하며, 사회적으로는 어떤 현실과 마주하고 있는지를 알아야 합니다. 그래야 하나님의 마음과 뜻을 헤아릴 수 있습니다.

정치적으로 개입하라는 의미가 아닙니다. 사회적으로 선동하는 자리에 있으라는 의미가 아닙니다. 그보다는 하나님께서 우리에게 머물게 하신 곳에서 눈을 들어 세상을 바라보고 공동체를 바라보며 '예수님이라면 어떻게 하셨을까'를 묵상하고, 주님의 그 간절함을 같이 느끼며 그 마음으로 중보해야 합니다.

이를 '중보기도의 공공성' 혹은 '중보기도의 공동체성'이라고 불러도 좋을 것 같습니다. 그런 의미에서 개인의 영성에만 집중하게 만들고 사사화된 예배를 바라보며 중보기도를 예배 안에 포함해야 한다는 안선희 교수님의 주장은 매우 중요하고 이 시대에 꼭 필요한 시도라고 생각합니다. 중보기도는 갈수록 개인화되어가는 시대 속에서 그리스도인으로서의 정체성을 확인할 수 있는 중요한 통로입니다.

왜 중보기도를 해야 합니까? 우리가 그리스도인이기 때문입니다.

왜 그리스도인이 기도해야 합니까? 예수 그리스도께서 이 땅에 성육신, 곧 하나님께서 이 땅에 오신 이유가 바로 우리를 향한 사랑이기 때문입니다.

세상을 사랑하는 하나님의 방법

우리는 그리스도인, 곧 예수 그리스도의 삶을 따라서 살아가는 자녀이자 종입니다. 하나님께서는 '이 땅'을 사랑하시며, 예수 그리스도께서 십자가에 오르신 이유도 바로 '이 땅'에 거하는 모든 이들을 구원하시기 위함입니다. 그래서 그리스도인이라면 우리는 세상을 향해서 기도해야 합니다. 공동체를 위해서 기도해야 합니다. 더 나아가 본질적으로 중보기도의 공동체가 되어야 합니다. 그것이 그리스도인이 이 땅에서 그리스도인답게 살아가는 방법이며, 그리스도인으로서의 정체성을 더욱 분명히 하는 통로입니다.

예배를 드리는 동안 세상을 위한 중보기도가 울려 퍼진다면, 그것은 개인적인 안위와 나만 잘 먹고 잘 살겠다는 이기주의로부터 탈피하겠다는 선언과 같습니다. 모두가 자신의 사리사욕에 눈이 멀어갈 때, 하나님나라를 소망하며 '하나님 사랑, 이웃 사랑'이라는 하나님나라의 가치관을 따라 살겠다는 선포와 다름없습니다. 이런 자들이

히나님의 주목을 받을 수 있습니다. 분명합니다.

하나님은 개인의 성공에만 집중하는 영적 속물을 거부하십니다. 한 개인의 거대한 성공을 바라보며 헛된 꿈을 가지게 하지 않으십니다. 오히려 그것을 싫어하고 역겨워하십니다. 하나님은 함께 걷고, 함께 뛰며, 함께 웃고, 함께 울며, 함께 힘들어하고, 함께 이겨내기 위해 안간힘을 쓰며, 함께 위로하고, 함께 응원하며, 함께 기도하는 분이십니다.

예배는 그런 하나님을 만나는 시간이며, 그런 하나님과 가장 가까이서 친밀하게 교제를 나누는 시간입니다. 그런 예배 가운데 수동적으로 앉아만 있고, 예배자가 아닌 관객이 되어 있다면, 그 예배가 과연 온전한 예배라고 할 수 있을까요? 나만 설교에 은혜받고, 나만 찬양에 감동받는다면 그것이 정말 이 땅을 창조하신 하나님의 뜻에 합당한 예배가 될까요? 전혀 아닙니다. 하나님은 이제 우리에게 세상에 하나님의 나라를 전하라고 하십니다. 그 복음의 메시지를 전하라고 하십니다. 그리고 그 세상에 대해서 책임을 지라고 말씀하십니다. 그 세상에서 예배하라고 하십니다.

하나님께서 원하시는 예배는 하나님의 나라가 온전히 드러나는 예배입니다. 하나님을 사랑한다고 고백하는 예배로부터 이웃과 세상을 사랑하는 예배로까지 나아가기 원하십니다. 중보기도는 바로 그 세상, 하나님께서 그렇게 당신의 사랑을 전하고 싶으셨던 그 세상을 사랑하는 방법입니다. 그러므로 그리스도인으로서 중보기도를 포기할 수 없습니다. 지금 우리가 중보기도를 하는 이 시간, 이 장소가 거룩한 땅, 거룩한 시간이며, 우리는 그렇게 거룩한 예배를 드리고 있는 것입니다. 그래서 중보기도는 개인적인 신앙에만 머물 수 있는 우리에게 공동체를 볼 수 있는 눈을 갖도록 도와줍니다.

지금, 이 자리에서 드리는 중보기도

2020년 3월은 전 세계가 코로나19로 인해서 두려움에 사로잡히기 시작한 때입니다. 더욱이 우리나라는 한 이단으로 인해서 코로나19가 걷잡을 수 없이 빠른 속도로 확산되었습니다. 많은 사람이 모이는 모임은 다 취소되었고, 여러 나라에서 한국인의 입국을 거부했으며, 교회는 주일예배로 모이지 못하고 온라인예배와 가정예배로 대신해야 하는 상황에 놓였습니다. 주일에 교회에 모이지 않는 것에 대해서 온라인상에서 많은 논쟁이 있었습니다. 그러나 정부의 강력한 권고 사항을 무시할 수 없고, 실제 몇몇 교회에서 코로나19 확진자가 발생했기 때문에 주일예배로 모이는 것이 상황적으로 너무도 어려웠습니다.

이런 안타까운 상황 속에서 저는 하나님의 음성을 간절히 구했습니다. 청년들에게, 공동체에 하나님의 마음을 어떻게 나눌 수 있을지 하나님께 여쭈었습니다. 기도하는 가운데 하나님은 '모이는 예배가 아닌, 흩어져서 드리는 예배'에 대한 마음을 주셨습니다. 그리고 비록 흩어져서 드리는 예배라 할지라도 같은 기도제목을 가지고 함께 기도하면, 그것이 곧 우리의 예배라는 마음을 주셨습니다. 저는 청년들에게 바로 이 마음을 나누었습니다.

"이번 사태를 통해서 모이는 예배가 아닌, 흩어져서 드리는 예배로 하나님께 우리의 마음을 드리길 소망합니다. 우리 삶의 자리가 하나님나라가 되길 소망합니다. … 이 시간, 가장 중요한 것은 모든 청년이 합심하여 기도하는 것입니다. 중보기도에 능력이 있음을 선포하면서 나라와 민족, 교회를 위해서 기도해주시기 바랍니다."

이런 메시지를 모든 청년과 나누었습니다. 마침 사순절 기간이기도 해서 청년들과 40일 동안 개인 SNS를 통해서 나라와 민족, 교회를 위한 중보기도 운동을 했습니다. 청년들은 개인별로, 소그룹별로 매일 기도를 손글씨로 써서 SNS에 올렸고, 공동의 기도제목을 가지고 각자의 처소에서 중보기도했습니다. 그러면서 곰곰이 묵상해보았습니다.

'우리가 매 주일 모여서 예배를 드릴 때는 우리 삶의 자리가 하나님나라가 되고 삶에서도 예배를 드려야 한다고 결단했는데, 정말 그렇게 해야만 하는 지금의 상황에서 우리는 얼마나 목숨을 걸고 일상에서 예배하는 예배자, 내 삶의 자리에서 기도하는 기도자로 서 있는가?'

흩어져서 드리는 예배는 지금까지 우리가 드렸던 예배, 우리의 신앙생활과 태도, 우리의 영성과 결단을 가늠하는 척도가 되고 있습니다. 모이는 것에만 힘쓰고 집중했던 우리의 익숙한 습관에서 벗어나 우리가 입술로 기도하고 결단했던 삶을 실제로 살아보라는 하나님의 요청이었습니다.

핍박 아래 널리 퍼진 복음

문득 스데반이 생각났습니다. 사도행전 7장과 8장에 나오는 스데반의 순교는 초대 기독교 역사에 있어 가장 슬프면서 안타까운 일이 아닐 수 없습니다. 죽지 말아야 할 사람이 죽었고, 죽으면 안 되는 사람이 죽었기 때문입니다. 아마 스데반의 죽음을 목격한 사람들은 기독교가 끝이라고 생각했을 수도 있습니다. 그러나 성경은 이 사건을 시작으로 전혀 예상하지 못한 일들을 소개합니다.

> 사울은 그가 죽임 당함을 마땅히 여기더라 그날에 예루살렘에 있는 교회에 큰 박해가 있어 사도 외에는 다 유대와 사마리아 모든 땅으로 흩어지니라 행 8:1

사도행전 8장 1절은 아주 중요한 구절입니다. 스데반이 죽던 그 자리에 사울도 있었고, 또 그날에 예루살렘에 있는 교회에도 큰 박해가 있었기에 초대교회 성도들은 유대와 사마리아 모든 땅으로 흩어지게 됩니다. 스데반이라는 엄청난 제자는 죽었지만, 하나님은 그 죽음의 현장에 장차 이방의 선교사로 세울 사울을 예비해두셨습니다. 또한 스데반의 죽음과 초대교회에 주어진 핍박으로 겁에 질린 성도들이 뿔뿔이 사방으로 피신했지만, 하나님은 그들을 통해서 이방 지역 방방곡곡에 복음이 전해지게 하셨습니다.

그 흩어진 사람들이 두루 다니며 복음의 말씀을 전할새 행 8:4

흩어졌다고 해서 그들이 자신의 목숨을 보전하고자 숨어 있기만 한 것은 아닙니다. 그들은 흩어진 자리에서 복음을 전했고, 예배를 드렸고, 중보의 기도를 드렸습니다. 흩어져서도 그들은 계속 그들의 삶의 방식대로 기도하고, 예배하고, 전도하고, 봉사와 구제를 했던 것입니다. 그러자 흩어진 그들을 통해서 하나님의 나라가 시작되었습니다.

빌립이 사마리아 성에 가서 복음을 전하자 더러운 귀신이 떠나가고 많은 병자가 고침을 받았습니다. 성경은 빌립을 통해서 그 성에 큰 기쁨이 있었다고 전합니다(행 8:8). 심지어 그 성에서 큰 자로 알려진 마술사 시몬도 빌립으로부터 복음을 듣고 세례를 받은 후 '전심으로' 빌립을 따라다니게 됩니다(행 8:13). 이는 스데반의 죽음이 가져온 엄청난 열매입니다.

코로나 사태 속에서 하나님은 모이기에 집착하지 말고 흩어져 예배하고 기도하라는 음성을 주셨습니다. 그리고 한국의 모든 교회와 성도들이 나라와 민족을 위해서, 어려움에 빠진 교회의 상황을 위해서 중보했습니다. 그러나 단순히 코로나 사태가 빨리 해결되는 것,

코로나에 걸리지 않게 해달라는 기도에 머물러서는 안 됩니다. 우리가 흩어져서 기도해야 하는 이유를 깨닫고, 우리가 예배하고 기도하는 장소에 하나님의 나라가 세워지고, 세상이 어려울 때 우리를 통해서 하나님을 경험할 수 있어야 합니다.

세상 사람도 코로나가 빨리 종식되기를 간절히 원합니다. 코로나에 걸리지 않게 해달라고 기도합니다. 그렇다면 그리스도인의 기도는 무엇이 달라야 합니까? 바로 중보기도의 공동체성을 붙들어야 합니다. 나 개인에 머무는 기도가 아니라 세상과 공동체를 위해서 기도하며, 내가 선 그곳에 세워지는 하나님의 나라를 경험해야 합니다. 모일 때 누렸던 성령충만함을, 흩어진 그 자리에서도 동일하게 경험해야 합니다.

새로운 기회를 허락하시다

코로나19는 한국의 사회, 경제, 문화, 정치, 종교의 모든 시계를 멈춰 세웠습니다. 매우 강력한 공격이었습니다. 이 공격 앞에서 많은 목회자가 온라인을 통해 중보기도와 메시지를 나누었습니다. 그중에서 제 마음에 큰 울림이 되고 눈물을 흘리며 읽었던 참회기도가 있습니다. 바로 높은뜻 연합선교회 대표이자 높은뜻 덕소교회의 담임 목사이신 오대식 목사님이 SNS에 올리신 기도입니다.

그 기도는 코로나로 인해서 평범했던, 그러나 너무 소중했던 일상의 시간들을 돌아보며 우리의 안일함과 무절제함, 비인간적인 모습

올 돌아보게 하는 참회의 기도였습니다. 일상의 축복을 소홀히 한 죄, 남들을 고려하지 않고 나만 즐기면 된다는 이기적인 우리의 마음, 이웃에 대해 공감하지 않던 우리의 무절제함, 가난한 나라의 사람들을 무시하고 외국인 노동자들을 비인격적으로 대하며 나그네와 고아를 사랑하라는 하나님의 말씀을 무시한 죄, 무책임하게 많은 말들을 내뱉고 살았던 우리의 입을 막으시는 주님의 명령, 빛과 소금의 역할을 전혀 감당하지 못하던 한국교회에게 교회보다 교회 밖에서 더 빛나는 그리스도인이 되기를 원하시는 하나님의 마음, 우리의 자랑이 천박한 교회의 크기가 아니라 오직 존귀하신 그리스도 예수님만이 되시길 원하는 마음, 고난 후에는 주 안에서 하나님의 교회로, 같은 교회로 함께 천국을 향해서 나아가는 거룩한 공교회가 되길 소망하는 기도, 그리고 마지막으로 나의 죄를 고백하는 참회의 기도였습니다.

오대식 목사님의 '참회의 기도'는 저에게도 강력한 하나님의 음성이었습니다. 우리의 교만과 자만, 탐욕, 이기심, 무절제함과 음란의 모든 죄가 드러나는 기도였습니다. 위기의 순간에 우리는 주로 그 상황을 이길 힘을 달라고, 어떻게든 그 상황을 모면할 수 있는 길을 열어달라고 하나님 앞에서 떼를 씁니다. 출애굽하던 이스라엘 백성과 같이, 우리는 하나님 앞에서 탄식하고 탄원하는 데 익숙합니다. 너무나 당연한 듯, 뻔뻔하게 하나님의 건지심을 요청합니다. 그런 우리의 태도가 잘못되었음을, 완전히 틀렸다는 것을 오대식 목사님의 '참회의 기도'를 통해서 깨달았습니다.

흩어진 자들의 예배와 기도가 중요한 이유는, 바로 지금이 하나님께서 주신 기회이기 때문입니다. 잘못된 것이 있다면 지금 바꿔야 합니다. 왜곡된 부분이 있다면 다시 돌려놓아야 합니다. 무언가 부족하다면 다시 채워야 합니다. 넘치는 것이 있다면 덜어내야 합니다. 더러운 곳이 있다면 다시 깨끗하게 해야 합니다.

그것이 지금 우리가 흩어진 자리에서 해야 하는 일들입니다. 그리고 하나님께서 바라보시는 곳을 함께 바라보며 기도해야 합니다. 그렇게 전심으로 함께 기도하며 하나님의 마음이 있는 곳으로 함께 나아가는 것입니다. 그래서 우리는 지금 한 곳에만 멈춰 있을 수 없습니다. 한 곳에 머물러서 예배하고 기도하고 있을 수 없습니다.

흩어져야 하는 사명

예수님이 승천하시기 전에는 제자들에게 성령을 기다리라고 하시며 한곳에 머물러 있으라고 하셨습니다(행 1:4; 2:1). 때를 기다리라는 말씀입니다. 주님은 약속의 때까지 한곳에 모여 성령을 기다리라고 말씀하셨습니다.

그런데 곰곰이 생각해보면, 약속한 성령은 당장이라도 오실 수 있었습니다. 주님이 승천하시자마자 성령은 불같이 임하실 수 있었습니다. 그렇게 본다면, 마가의 다락방에 모여 있던 120명의 제자가 성령을 기다린 것이 아니라, 성령께서 제자들을 기다리신 것이 아닌가 생각해봅니다. 제자들이 아직 성령님을 만날 준비가 되지 않았던 것이지요. 성령님은 특정한 때를 기다리신 것이 아니라, '그들'을 기다리신 것입니다. 성령 세례(행 1:5)를 받기에 합당한, 준비된 그들이 되기를 기다리신 것입니다.

드디어 오순절 날이 임했습니다. 그들은 변함없이 모여서 기도하고 예배했습니다. 그리고 그날, 성령께서 임하셨습니다. 거기 한데 모여 있던 이들은 성령의 세례를 받았습니다.

> 오순절 날이 이미 이르매 그들이 다같이 한곳에 모였더니 홀연히 하늘로부터 급하고 강한 바람 같은 소리가 있어 그들이 앉은 온 집에 가득하며 마치 불의 혀처럼 갈라지는 것들이 그들에게 보여 각 사람 위에 하나씩 임하여 있더니 행 2:1-3

한곳에 모여 있던 이들에게 성령께서 임하신 방식은 '각 사람 위에 하나씩'이었습니다. 한곳에 모여 있다고 해서 한꺼번에 임하신 것이 아니라, 각 사람에게, 한 사람 한 사람에게 성령께서 임하신 것입니다. 저는 이것을 단순하게 보지 않습니다. 저는 이것이 세례받은 이들에게 주어지는 사명적 예시(豫示)라고 생각합니다.

흩어져야만 하는 사명! 바로 이 사명을 보여주신 것입니다. 한곳에 모여 있었지만, 더는 같이 머물러 있지 말고 성령 세례를 받아 이제 각기 성령의 인도하심과 하나님의 뜻에 따라 흩어져야 합니다.

흩어진 그들이 가는 곳곳마다 복음이 선포되고, 예배가 드려지며, 기도하는 자들이 모여서 또 다른 마가의 다락방을 형성하는 것입니다. 그곳이 모이는 교회가 되는 것입니다. 그리고 그들은 또 성령의 세례를 받고 흩어져야 합니다. 이것이 바로 크리스천 공동체의 건강한 영적 패턴입니다.

우리는 일주일 간격으로 이 패턴을 반복하며 살아가고 있습니다. 주일을 기준으로 모였다가 흩어져서 각자 6일의 삶을 살다가 다시 모였습니다. 그러나 기억하시기 바랍니다. 모이는 날은 단 하루, 몇 시간에 불과합니다. 우리는 대부분 흩어져서 살아갑니다. 그러므로 우리의 사명은 모이는 곳에서 드러나는 것이 아니라, 흩어진 자리에서 드러나야 한다는 사실을 잊지 말아야 합니다.

이제, 흩어진 자리에서 드려지는 예배가 필요합니다. 내 삶의 자리에서 드려지는 예배가 중요합니다. 코로나19로 인해서, 또 이런저런 이유로 인해서 함께 모여 예배를 드리지 못한다 해도 괜찮습니다. 모이는 예배보다 흩어져서, 우리 삶의 자리에서 드려지는 예배가 훨씬 능동적이고 역동적인 예배입니다. 그러므로 우리가 밟고 있는 모든 곳이 예배의 처소가 될 수 있습니다.

그 예배에는 언제나 중보기도가 담겨 있어야 합니다. 흩어짐의 이유는 나를 위한 예배가 아니라 세상을 위한, 이웃을 위한 예배이기 때문입니다. 그래서 중보기도는 우리가 흩어진 삶의 자리에서도 역동적으로, 능동적으로 예배를 드릴 수 있도록 인도해줍니다.

중보기도의 공동체성이 예배 가운데 회복되길 소망합니다. 모이는 예배에서도, 흩어져서 드려지는 예배에서도 중보기도가 울려 퍼지길 간절히 소망합니다. 건강한 중보기도가 공동체로부터, 예배의 자리로부터 세상으로 흘러갈 때, 세상은 살아 계신 하나님을 보게 될 것입니다.

07

중보기도훈련

하나님께서 요청하시는 중보기도 3

1. 예배의 회복을 위한 중보

하나님께서 우리에게 요청하시는 중보기도제목에는 예배의 회복이 있습니다. 혹시 우리의 예배가 요한계시록 3장 15,16절에서 표현하듯 '차지도 아니하고 뜨겁지도 아니하여' 하나님으로부터 버림받는 예배가 되고 있지는 않은지 돌아보아야 합니다.

하나님의 영광이 임재하는 예배를 경험해본 적이 있습니까? 성령이 충만하여 가만히 예배의 자리에 앉아 있기만 해도 오금이 저리고 소름이 돋는 경험을 해본 적이 있습니까? 화려한 밴드와 조명이 없어도, 우리는 가만히 십자가와 그리스도의 보혈을 묵상하면서도 진실한 예배를 드릴 수 있습니다. 화려한 언변의 설교나 웅장한 성가대가 없어도, 우리는 찬양의 곡조 하나, 조용히 읊조리는 성경 말씀 하나에도 우리의 심령 골수까지 쪼개는 감동의 예배를 드릴 수 있습니다.

우리 예배의 문제는 예배의 본질을 잊어버리고, 하나님께 드리는 예배가 아니라 사람 중심의 예배를 하고 있다는 것입니다. 쇼와 예배의 구분이 모호해지고 있습니다. 관객과 예배자가 모호해지고 있습니다. 극장과 교회의 경계가 사라지고 있습니다.

지금 우리는 어디서, 무엇을 위해서 예배를 드리고 있습니까? 예배의 주인이신 하나님이 드러나야 합니다. 우리 예배의 목적이 하나님이 되셔야 합니다. 그 하나님이 통치하시는 하나님의 나라를 경험할 수 있어야 합니다. 예배를 통해서 어지러운 세상의 사고방식이 무너지고, 하나님 사랑과 이웃 사랑이라는 하나님나라의 가치관이 세워져야 합니다. 이 가치관이 분명해야 세상 속에서 살아갈 수 있습니다. 지금 예배의 회복을 위해서 함께 중보합시다.

아버지께 참되게 예배하는 자들은 영과 진리로 예배할 때가 오나니 곧 이 때라 아버지께서는 자기에게 이렇게 예배하는 자들을 찾으시느니라 하나님은 영이시니 예배하는 자가 영과 진리로 예배할지니라 요 4:23,24

---

2. 선교사님을 위한 중보
또한 우리는 열방 가운데서 하나님의 나라를 세우며, 목숨을 걸고 복음을 전하는 선교사님과 그 가정을 위해 중보기도해야 합니다. 선교는 곧 흩어져 드리는 예배입니다. 스데반의 죽음을 보고 흩어져 유대와 사마리아 땅에 가서 목숨을 걸고 복음을 전하고 예배하고 기도하던 이들이 바로 선교사입니다. 하나님은 이 시대에도 동일하게, 나의 목숨을 하나님 앞에 내어놓고 복음을 전하는 일에 전심을 다하는 이들과 함께하십니다. 하나님의 이름을 가지고 자신의 사리사욕을 채우는 선교사들이 있다면, 그들은 하나님께서 심판하실 것입니다. 우리가 기도하고자 하는 대상은 하나님을 위해서 목숨을 건 선교사님들입니다. 하나님의 나라를 위해서 자신의 모든 것을 내려놓은 분들입니다. 평신도 선교사로서 해외에서 부귀영화 대신 하나님의 공급하심과 만지심을 택한 자들도 많습니다. 이런 분들이 바로 왕 같은 제사장이라고 생각합니다.

선교사님들의 건강과 가정, 사역과 보안을 위해서 간절함으로 기도해주시기 바랍니다. 흩어진 그 자리에 놀라운 성령의 역사를 허락해달라고 기도해주시기 바랍니다. 그곳에서 드려지는 예배가 하나님나라의 잔치가 될 수 있기를 기도해주시기 바랍니다.

chapter 08

다음세대,
그리고 중보기도

제가 참 아끼는 한 청년과 이야기를 나누던 중 이런 말을 들었습니다.

"목사님, 하나님은 저를 위한 기도 빼고 다른 사람들을 위한 중보기도는 모두 다 들어주셨어요!"

그렇게 웃으면서 이야기하는 그 청년에게 저는 이렇게 답했습니다.

"그래서 우리가 중보기도를 하는 거예요. 자매님이 다른 사람들을 위해서 기도할 때, 우리는 자매님을 위해서 중보기도를 하잖아요!"

웃으면서 나눈 대화지만, 집에 돌아와서 곰곰이 생각해보니 정말 그랬습니다. 우리가 그렇게 서로를 위해서 중보기도할 때, 얼마나 아름다운 공동체, 얼마나 하나님의 음성과 응답에 민감한 공동체가 될까요?

계속 강조하지만, 중보기도는 개인의 유익을 위해서 홀로 하는 기도가 아닙니다. 공동체를 위한 기도, 그리고 공동체가 서로 기도로 하나가 되는 것입니다. 모든 공동체가 그렇게 중보기도로 연합해 서로를 위해서 기도한다면, 하나님께서 그런 공동체에 역사하시는 것은 당연하지 않을까요?

중보기도 네트워킹

혹시 기도의 네트워킹(networking)을 경험해보셨나요? 사전에 보면 '네트워킹'을 '사람들이 이루는 여러 종류의 일을 연결해서 그물과 같은 관계를 형성하는 일'이라고 정의합니다. 여기서 중요한 표현은 '그물과 같은 관계'입니다. 물고기가 그물에 걸리면 빠져나가지 못하는 것처럼, 한번 형성된 네트워킹에서는 빠져나가기가 쉽지 않습니다.

인터넷이 가장 좋은 예입니다. 지금 인터넷은 없어서는 안 되는 네트워킹이 되어버렸습니다. 이제는 점점 더 가상 세계인 인터넷에서 만나고, 교제를 나누고, 예배하고, 공부하고, 쇼핑하며 일상을 보냅니다. 인간은 이제 인터넷이라는 그물에서 빠져나오기가 힘든 지경에 이르렀습니다.

이런 네트워킹을 영적으로 우리에게 적용해보면 왜 공동체 안에서의 기도가 중요한지 알 수 있습니다. 우리가 기도의 네트워킹을 형성힐 때, 우리의 기도는 새어나갈 틈이 없어집니다. 물에서 그물을 건져 올리면 물은 빠져나가고 물고기만 남는 것처럼, 우리의 기도에서 불순물들은 다 빠져나가고 정말 하나님께 올려드리는 기도만 남게 될 것입니다.

그 불순물이 무엇입니까? 우리의 정욕, 탐욕, 이기심, 남을 향한 비방과 저주입니다. 이러한 불순물들은 하나님께 드리기에 불편한 것들입니다. 이런 불순물들은 그냥 우리의 하소연 정도로, 너무 상황이 어렵고 힘들어서 혼자 푸념하는 것으로만 남겨두시기 바랍니다. 하나님께는 이런 기도를 올리지 않기를 바랍니다. 우리는 건강한 기도, 정말 하나님께서 들으시고 응답하실 수밖에 없는 그런 기도들을 올려드려야 합니다. 우리는 이렇게 불순물이 제거된 기도로 중보의 자리에 나아가야 합니다. 그러한 중보기도에는 실패가 있을 수 없습니다.

하나님의 뜻을 따르려는 간절한 울부짖음

사실 모든 건강한 기도에는 실패가 없습니다. 하나님은 어떤 방법과 모양으로든 응답하시기 때문입니다. 하나님께서 우리의 기도에 침묵하십니까? 침묵도 응답입니다. 제가 《하나님 음성 듣기》에서도 언급했지만, 하나님께서 침묵하실 때는 그 침묵도 응답이라고 생각하십시오. 하나님께는 우리의 기도에 반드시 응답해주셔야 하는 책임이나 의무가 없으십니다. 그런 하나님께서 우리의 기도에 침묵하신다면, 일단은 그 침묵에 동의했으면 좋겠습니다. 침묵에 대해 순종하는 것입니다. 하나님의 침묵에는 분명 이유가 있기 때문입니다.

그 이유를 군이 들추려 하지 말고, 하나님의 때를 기다리시기 바랍니다. 우리의 힘과 의지가 아니라, 하나님의 방법대로 흘러갈 수 있도록 우리의 중심을 내어드리는 것입니다. 그렇게 우리의 주도권을 하나님께 내어드릴 때, 하나님께서 우리의 인생을 이끌어가시는 것을 경험할 수 있습니다. 그래서 우리의 기도에는 실패가 없다는 것입니다.

중보기도 역시 마찬가지입니다. 혹시 우리가 다른 이들을 위해 기도할 때, 우리의 생각과 지식으로 먼저 판단하고 결정하며 기도한다면, 그것은 온전히 하나님의 뜻을 구하는 기도가 아닙니다. 중보기도를 할 때도 우리는 기도의 주도권을 하나님께 내어맡겨야 합니다.

중보기도의 의미를 다시금 기억해보십시오. 우리의 중보기도는 '하나님 앞에서 하나님의 뜻에 따르고자 몸부림치는 한 사람의 간절한 하소연'이라고 했습니다. 하나님께서 창조하신 피조 세계를 바라보면서, 창조주 하나님의 뜻과는 전혀 다른 모습으로 일그러져가는 이 세상을 바라보면서 하나님께 "제발 좀 살려주세요"라고 한탄하며 하소연하는 간절한 울부짖음입니다.

기도의 주도권을 하나님께 맡긴 자의 태도는 바로 철저한 영적 몸부림, 간절한 하소연입니다. 내가 조금이라도 무언가를 할 수 있다고 생각하는 사람에게서 이런 모습을 기대하기는 어렵습니다. 자존

심이 상하기 때문입니다. 내 혈기는 내가 하나님 앞에 무릎 꿇도록 놔두지 않습니다. 그러나 하나님께 주도권을 내어드린 자의 태도는 전혀 다릅니다.

초대교회의 지도자 야고보는 홀로 성전에 들어가 무릎을 꿇고 모든 인간의 죄를 용서해달라고 간절히 기도했다고 합니다. 《유세비유스의 교회사》에 보면 이렇게 기도함으로 인해 그의 무릎이 낙타 무릎처럼 딱딱해졌다고 했습니다. 야고보의 기도는 온 인류의 구원을 위한 중보기도였으며, 그는 하나님께 모든 것을 내어드리고 처절히 기도했습니다. 자신의 무릎이 낙타 무릎처럼 딱딱해져서 제대로 펴지 못할 정도로 처절하게 기도한 것입니다.

야고보의 눈에 비친 세상은 그리스도를 십자가에 못 박을 정도로 영적으로 타락하고, 로마의 힘과 권력이 숭배를 받는, 악(惡)이 지배하던 세상이었습니다. 하나님께서 창조하신 세계와 완전히 다른 왜곡된 세상이었습니다. 이런 세상을 위해서 중보했던 사도 야고보의 중보기도를 기억해야 합니다. 이런 자들의 기도가 이천 년이나 넘게 기독교의 복음이 끊기지 않고 전해질 수 있던 이유가 되기 때문입니다.

기독교는 늘 역사 속에서 사라질 위험에 노출되어 왔습니다. 초대교회에서부터 시작된 기독교 핍박은 이천 년이 지난 오늘에도 곳곳에서 나타나고 있습니다. 요즘 한국 사회에서 교회가 서 있는 현실을 보면 무슨 말인지 이해가 될 것입니다.

그럼에도 불구하고 교회를 비난하는 세상을 위해, 민족을 위해, 나라를 위해 기도하는 사도 야고보들이 여전히 존재하기에, 하나님은 이 세상을 포기하지 않으십니다. 철저한 영적 몸부림과 간절함으로 하나님께 기도하는 한 사람 때문에 여전히 하나님이 이 땅을 향한 기대를 버리지 못하시는 것은 아닐까요? 우리의 중보기도가 살아 있다면, 우리에게 실패란 있을 수 없습니다.

나와 힘을 같이 하여

로마서 15장을 보면, 바울이 로마의 교회에게 자신을 위한 중보기도를 요청하는 장면이 나옵니다.

형제들아 내가 우리 주 예수 그리스도와 성령의 사랑으로 말미암아 너희를 권하노니 너희 기도에 나와 힘을 같이하여 나를 위하여 하나님께 빌어 나로 유대에서 순종하지 아니하는 자들로부터 건짐을 받게 하고 또 예루살렘에 대하여 내가 섬기는 일을 성도들이 받을 만하게 하고 나로 하나님의 뜻을 따라 기쁨으로 너희에게 나아가 너희와 함께 편히 쉬게 하라 롬 15:30-32

바울은 서바나(스페인, 롬 15:23 참조)로 가는 길에 로마를 방문하고자 했습니다. 로마 방문은 단순히 스페인으로 가는 길에 들르는 정도가 아니라, 로마교회의 성도들과 함께 영적인 사귐(롬 15:24)을 갖고 싶었던 바울의 간절한 바람이었습니다. 이러한 바울의 바람은 30절에 자세히 나와 있습니다. 바울은 자신을 위한 중보기도를 요청하면서 "우리 주 예수 그리스도와 성령의 사랑으로" 기도해달라고 말합니다. 우리처럼 인사치레로 기도해달라고 요청하는 것이 아닙니다. 바울은 예수 그리스도의 권위에 의지하여, 성령의 사랑으로 호소하면서 간절함과 진정성을 담아 중보기도를 요청하고 있습니다.

"나와 힘을 같이 하여."

이 표현도 주목할 만합니다. 헬라어 '수나고니사스쌔이'(συνα χωνίσασθαί)에 담긴 의미 때문입니다. 이 단어는 영어로 'to strive together with', 곧 '함께 분투하다, 함께 전쟁하다'라는 의미로 번역되었습니다. 바울은 자신이 로마에 가서 함께 영적인 교제를 나눌 수 있도록, 자신과 함께 치열하게 기도해달라고 간청하는 것입니다.

사실 이방교회의 헌금(31절, "또 예루살렘에 대하여 내가 섬기는 일")을 예루살렘에 잘 전달해야 하는 이유도 바울의 기도제목과 관련 있습니다. 헌금이 잘 전달되어야 바울의 이방 선교에 대한 명분과 로마와 서바나를 향한 바울의 선교에 예루살렘 교회가 동의한다는 명분을 얻을 수 있기 때문입니다. 바울은 이 모든 것이 곧 하나님의 뜻이라고 확신합니다.

결국, 바울은 죄인의 신분으로 로마에 가게 됩니다. 물론 로마에 도착해서는 가택에 연금당하지만, 복음 전하는 일은 놓지 않습니다. 어찌보면 하나님은 바울에게 가장 선한 방법으로 그의 사명을 완수할 수 있도록 이끌어주신 것입니다.

한번 생각해보십시오. 바울이 로마로 가고자 했던 목적은 복음과 하나님의 나라를 위해서였습니다. 사도행전 20장과 21장을 보면, 바울은 고린도에서 로마서를 쓴 후에(행 20:2,3) 예루살렘으로 가서 로마 군인들에게 체포를 당합니다(행 21:27-36). 그리고 가이사랴로 이감되어 2년을 지내게 됩니다(행 24:27). 그 후에야 드디어 로마로 향하는데, 중간에 배가 난파되어서 멜리데 섬에서 3개월을 보내고(행 28:11), 우여곡절 끝에 로마에 도착합니다. 그리고 그곳에서 가택 연금이 시작되었습니다(행 28:30-32).

바울이 겪은 일련의 일들은 하나님이 그의 삶을 이끌어가시지 않았다면 도저히 이루어질 수 없는 일들입니다. 그가 죄수의 신분으로 로마로 가게 된 것도, 바다의 풍랑을 만나서 멜리데 섬에서 3개월을 보낸 것도 세상의 시각으로는 정말 '재수가 없는' 일일 수 있지만, 믿음의 눈을 들어서 보면 모두 하나님의 손길 안에서 이루어진 일들이었습니다.

중보기도에 실패란 없다

이 모든 과정은 로마서 15장에서 로마교회에 요청하는 바울의 중보기도에서부터 출발한 것이 아닐까요? 바울은 로마서를 쓴 후 약 3,4년의 세월이 지나서야 로마에 도착합니다(학자마다 견해는 조금씩 다르지만, 3차 선교여행을 마무리하는 가운데 고린도에서 주후 55-57년경에 로마서를 쓴 것으로 추측하고, 실제로 바울이 로마에 도착한 것은 주후 59-60년경으로 볼 수 있습니다).

바울은 로마교회의 성도들에게 중보기도를 요청하면서 하나님나라의 확장을 꿈꾸었습니다. 그것이 바울의 비전이었습니다. 바울의 중보기도 요청은 선교에 대한 분명한 부르심과 확신을 로마교회와 함께 나눈 것입니다. 그의 중보기도는 순간순간 위기가 있었음에도 실패로 끝나지 않았습니다. 결국은 하나님께서 그들의 중보기도를 기억하시고, 가장 선한 하나님의 길로 바울과 로마교회를 인도하사 만나게 하신 것입니다.

하나님께서는 공동체가 함께 중보기도하는 제목을 절대 흘려듣지 않으십니다. 아무리 사소한 기도의 제목이라 할지라도 그 기도에 반응하십니다. 그래서 중보기도에는 절대 실패가 존재하지 않습니다.

그렇기에 우리는 중보기도의 응답에 집중하기보다 중보기도를 함께할 수 있는 기도의 동역자에게 집중해야 합니다. 중보기도를 하는 이들이 외로움을 경험해서는 안 됩니다. 누군가 혼자 기도하는 것 같은 느낌을 받게 해서는 안 됩니다. 그것은 중보기도의 방향이 아닙니다. 누군가 홀로 기도하게 내버려두지 마십시오. 홀로 기도하고 있는 사람이 있다면 먼저 다가가서 그 사람의 손을 잡아주시기 바랍니다. 기도하는 그의 눈물을 닦아주시기 바랍니다.

중보기도의 네크워크는 이렇게 만들어나가는 것입니다. 우리 공동체가 이처럼 중보기도의 공동체가 된다면, 중보기도의 네트워킹을 이룬다면, 그 공동체는 하나님께서 집중하시는 공동체가 될 것입니다. 세상의 방법과 지식이 기준이 아니라, 하나님께서 그 공동체의 기준이 되어주시기 때문입니다. 그러면 하나님이 바라보고 계시는 방향성이 그 공동체의 영적인 방향성이 됩니다.

하나님은 오늘 그런 공동체를 찾고 계십니다. 만약 그런 공동체가 청년들로 구성되어 있다면, 그 공동체에는 여전히 소망이 있습니다. 몇 명이 모이든 상관없습니다. 2명이든, 7명이든, 15명이든, 함께 모인 청년들이 하나님께서 원하시는 방향을 바라보며 중보의 끈으로 단단히 묶여 있다면 사탄의 미혹에도 끊어지지 않을 것이며, 아무리 세상의 유혹이 거센 파도와 같이 덤벼든다 할지라도 흡수되지 않을 것입니다.

미전도 세대

한국의 청년과 청소년은 이미 미전도 종족이 되어버렸습니다. 미전도 종족의 개념은 '그 종족 스스로가 복음화될 수 없는 집단'을 의미합니다. 그래서 복음화율 5퍼센트가 되지 않으면 일반적으로 미전도 종족의 범주에 포함시킵니다. 한국의 청년과 청소년의 복음화율은 4퍼센트가 채 되지 않는다고 합니다. 100명의 청년과 청소년이 있다면 4명만이 그리스도인이라는 의미입니다. 그런데 이 4퍼센트 안에 드는 청년과 청소년 중에서 복음의 능력, 구원의 확신, 그리고 기도의 응답을 경험해본 이들이 얼마나 될까요? 그 수치를 산출해낸다면 아마도 우리는 더 절망에 빠질지 모릅니다.

이런 현상을 과연 포스트모던 사회의 특징이라고만 설명할 수 있을까요? 나중에 주님 앞에서도 그렇게 설명할 수 있을까요? 그렇게 말하면서 부끄럽지 않고 떳떳하게 서 있을 수 있을까요? 저는 절대 그러지 못할 것 같습니다. 다음세대가 교회를 떠나는 근본적인 이유는 시대의 풍조나 흐름이 아니라 지금 우리에게 있다는 사실을 절대 잊어서는 안 됩니다.

기성세대가 교회 안에서 기독교 신앙의 본질을 추구하기보다 다른 부수적인 것에 더 집중하는데, 그런 어른들의 신앙을 보면서 자란 다음세대들이 어떻게 건강한 신앙을 가질 수 있을까요? 십자가의 복음보다 예수 잘 믿어서 복 받는 것에 더 익숙해져 있는데, 광야 가운데 홀로 서게 된 자녀들이 어떻게 신앙의 야성을 가질 수 있겠습니까? 절대 그럴 수 없습니다. 교회에서 청년들에게 언제까지 신앙이라는 이름으로 봉사와 헌신을 강요하려 하십니까? "우리 때는 말이야"라는 프레임으로 지금의 청소년과 청년들을 판단하고 이해하려 한다면, 절대 그 교회에는 청년이나 청소년들이 남아 있지 않을 것입니다.

'가나안 성도'라고 들어보셨을 것입니다. '가나안'을 거꾸로 하면 '안나가'입니다. 믿음은 있지만 교회에 나가지 않으려는 이들을 일컫는 말입니다. 그들은 왜 교회에 나오지 않으려 할까요? 그저 개인주의적인 신앙을 추구하기 때문일까요? 아닙니다. 예수 그리스도의 복음, 제자된 공동체의 모습을 교회에서 발견할 수 없기에 교회를 떠나는 것입니다.

교회는 한참 착각하고 있습니다. 신앙이 지나치게 개인화되어 자기 편한 대로 신앙생활을 하고 싶어서 교회를 떠나는 것이라고 판단해버립니다. 만약 이것이 시대의 흐름이라면, 모든 교회에 보편일률적으로 적용되어야 하며, 이 시대에 부흥하는 청년과 청소년 공동체는 없어야 합니다. 그러나 지금도 성장하는 교회가 있고, 모이는 청소년과 청년 그룹이 있습니다.

우리의 눈은 시대를 읽고, 이 세대를 이해해야 합니다. 우리의 가슴에는 예수 그리스도의 사랑과 은혜를 담고, 우리의 입술로는 신앙의 본질을 외쳐야 합니다. 교회가 사교 모임이나 클럽이 되는 순간, 교회로서의 정체성을 잃어버리고 맙니다.

아일랜드 더블린에서 어학 연수를 할 때, 가장 번화한 곳에 'CHURCH'라는 술집(PUB)이 있었습니다. 술집인지 모를 때는 그 앞을 지나가면서 참 고풍스럽고 아름다운 교회라고 생각했습니다. 그러나 금요일 밤이 되자 술에 취한 젊은이들이 몸을 제대로 가누지 못하면서 그곳에서 밤을 보내고 있었습니다. 저는 말로만 듣던 유럽교회의 참담한 실상을 그날 처음 제 눈으로 목격하면서 마음속에서 서러움과 눈물을 흘렸습니다. 교회가 정체성을 잃어버리고 무너지는 것은 본질이 훼손되고 폐기되었기 때문입니다.

결국은 본질입니다. 복음입니다. 십자가입니다. 말씀과 기도입니다. 하나님나라입니다. 예수 그리스도, 우리에게는 주님 한 분이면 충분한 것이지요.

중보기도의 유익을 활용하라

다음세대를 다시 교회로 모이게 하기 위한 여러 훌륭한 방법이 있겠지만, 저는 중보기도의 모임으로 시작해보시기를 추천합니다. 가장 큰 추천의 이유는 중보기도에는 실패가 없다는 것과 하나로 뭉칠 수 있도록 영적인 밴드를 만들어준다는 것입니다. 실패가 없기에 기도의 능력을 경험할 수 있고, 기도하는 것에 익숙하지 않은 이들이 함께 기도할 때도 보다 기도에 집중할 수 있고 영적인 동질감도 형성된다는 유익이 있습니다.

제가 섬기던 청년 공동체가 처음 금요기도 모임을 시작할 때, 4명이 함께 모였습니다. 3년이 지나면서 격주로 모이는 금요기도 모임에 50여명의 청년들이 모이며, 중보기도의 모임은 주일 오후까지 이어지고 있습니다. 매달 첫 번째, 두 번째 주일에는 청년예배와 소그룹 모임을 가진 후에 중보기도 모임으로 모였습니다. 이 기도 모임에도 약 50-60명 정도의 청년들이 함께했습니다.

지금에 와서 생각해보면, 청년 금요기도 모임과 중보기도 모임이 커질수록 청년 공동체도 성장한 것 같습니다. 청년 금요기도 모임을 처음 시작할 때, 거의 1년 동안은 8명도 되지 않는 청년들이 모였습니다. 그때 우리는 한마음으로 기도할 수 있는 청년들이 모여 하나님을 찬양하고, 말씀에 의지해서 나라와 민족, 지역, 교회, 이 시대의 청년 공동체를 위해 기도할 수 있기를 바라며, 이 비전을 선포하고 기도했습니다. 정말 간절함으로 기도했습니다.

하나님께서는 정말 그런 청년들을 한 명, 한 명 붙여주셨고, 성도들 가운데서도 함께 기도하고자 마음을 같이 하는 분들이 모이기 시작했습니다. 그리고 청년들이 그 시간에 기도의 능력을 경험하고, 기도가 응답을 받는 역사들이 나타났습니다. 취업의 문제로 힘들어하던 청년에게 하나님은 취업의 문을 열어주셨고, 부모님과 관계의 문제로 힘들어하던 청년의 마음에 부모님에 대한 사랑과 긍휼의 마음을 허락하셔서 관계가 회복되는 일들이 있었습니다. 무엇을 하며 살아야 하는지 고민하던 청년에게 하나님은 분명한 비전을 보여주시고, 배우자의 문제로 기도하던 청년은 믿음의 가정을 꾸릴 수 있도록 복을 주셨습니다.

세상과 다른 즐거움에 잠기다

우리가 뜨겁게 기도하는 그 시간에, 세상의 많은 청년은 '불금'이라며 클럽에 가고, 술집에서 고주망태가 되거나 세상의 유흥과 쾌락을 즐깁니다. 반면 이 청년들에게 허락된 즐거움이란, 뜨겁게 찬양하고, 말씀에 의지해서 하나님 앞에서 눈물로 간구하는 것입니다. 그런데 청년들은 이런 즐거움이 좋다고 합니다. 행복하다고 합니다.

세상과 다른 구별된 즐거움이 더 깊어지고 많아지기를 소망한다고 말합니다. 함께 하나님의 나라를 소망하는 이들이 모여서 하나님을 경험하고, 그분의 음성을 청종하며, 마음을 같이 하는 중보기도의 능력을 이미 알아버렸기 때문입니다.

우리는 미전도 종족이 되어버린 청소년과 청년세대에 어떻게 복음을 전할 수 있을까요? 가나안 성도들을 어떻게 다시 교회로 초청할 수 있을까요? 중보기도가 그 시작입니다. 살아 계신 하나님의 응답을 경험할 수 있는 기도의 자리를 만들고 초청하시기 바랍니다. 아무리 레스토랑의 인테리어가 훌륭하다고 해도 음식이 맛없으면 다시는 그곳을 방문하지 않습니다. 본질이 맛이기 때문입니다. 아무리 병원이 최신식 장비를 가지고 있고 의사가 많다고 해도, 병을 제대로 고치지 못하면 그 병원에 다시 가지 않습니다. 병원의 본질은 병을 고치는 것이기 때문입니다.

교회도 마찬가지입니다. 믿음의 공동체도 마찬가지입니다. 교회의 본질은 세련된 건물도, 우수한 방송 장비도, 목사의 학벌과 경력도 아닙니다. 본질은 바로 예수 그리스도입니다. 이 교회의 주인이 하나님이신지, 예수 그리스도의 십자가의 능력을 경험하는 공동체인지, 성령의 역사가 나타나는지가 교회의 본질입니다.

아무리 교회의 표어나 사명이 그럴싸해도, 그것이 말뿐이라면 세상이 조롱하고 비웃을 것입니다. '언택트(untact) 시대'라며 본질을 호도한 채 그럴싸한 것만 추구하고, 겉으로 보이는 기술로 사역하며, 말로만 목회하는 이들은 이제 설 자리를 잃어갈 것입니다. 기도하지도 않으면서 기도한다고 말하고, 말씀을 보지도 않으면서 경건의 모양만 흉내내는 사역자들은 그 영적인 밑천이 금방 드러나게 되어 있습니다. 더욱이 기성세대 목회자들의 잘못된 부분을 적나라하게 비판하지만, 정작 그들보다 나은 영성이나 본질의 무장 없이 떠들어대는 이들은 결국 자가당착에 빠질 수밖에 없습니다.

우리가 추구하는 것은 허울만 좋은 '빛 좋은 개살구'가 아니라, 조금은 투박하고 세련되지 못했어도 진정으로 하나님의 나라를 추구해나가며, 매일의 삶에서 그 하나님의 나라를 세워나가기 위해 몸부림치는 제자 공동체입니다. 물론 중보기도만 가지고 그런 제자 공동체를 세울 수 있는 것은 아닙니다. 중보기도만이 신앙생활의 정답이라는 것도 아닙니다. 그러나 만약 무엇부터 시작해야 할지 고민하는 분이 있다면, 저는 중보기도부터 시작해보시길 추천합니다. 그리고 부탁드립니다.

특히 청년과 청소년들에게 중보기도의 힘을 경험할 수 있도록 도와주시길 바랍니다. 그들이 직접 하나님과 관계를 형성하고, 하나님의 음성을 들으며, 세상 가운데서 하나님께서 기준이 되어주실 수 있다는 것을 경험하며 살아갈 수 있도록 중보기도의 끈을 놓지 말아주시기 바랍니다.

또 다음세대를 바라보시면서 좌절하지 마시기 바랍니다. 오히려 소망을 가지고 꿈을 가져봅시다. 하나님께서 이 세대를 어떻게 사용하실지 중보기도하며, 기대하며, 우리 청소년과 청년들을 응원해줍시다. 왜냐하면, 하나님께서 응답하시는 중보기도에 실패란 없기 때문입니다.

하나님께서 요청하시는 중보기도 4

1. 다음세대를 위한 중보

하나님께서 요청하시는 기도제목은 이 시대의 다음세대를 위한 중보기도입니다. 다음세대를 위한 기도를 요청하면 부모 세대는 그 자녀들을 위해 기도하지만, 청년들은 어떻게 기도해야 할지 모르는 경우가 많습니다. 청년들이 다음세대를 위해서 기도할 때는, 지금 청소년들과 어린이들을 위해 기도해주면 됩니다. 청년들이 학교나 교회에서 가르치는 학생들, 그들이 다음세대입니다.

많은 분들이 사사기 2장 10절의 말씀을 인용하면서 '다음세대'가 '다른 세대'가 되는 것을 걱정합니다. 그런데 사실 이 말씀의 '다른 세대'는 'different generation'이 아니라 'another generation'입니다. '다른'(different)은 '같은 것이 아닌 다른'이라는 의미고, '다른'(another)은 '이 것과 또 다른 것'이라는 의미입니다.

그러니까 '다음' 세대가 '다른' 세대가 되었다는 해석은 엄밀히 말하면, '다음'이라는 단어와 '다른'이라는 한국어 번역의 뉘앙스를 문자적으로 해석해서 의미를 부여한 것입니다. '다른'(different)이라는 의미로 사용된 곳은 오히려 민수기 14장 24절, "내 종 갈렙은 그 마음이 그들과 달라서" 입니다. 여호수아와 갈렙은 다른 열 명의 가나안 정탐꾼들과 마음과 생각이 '달랐다'(different)는 것입니다.

여호와를 알지 못해서 다음세대가 다른 세대가 된 것이 아닙니다. 그들은 지금 이 세대와는 다른(another) 다음세대입니다. 문화가, 생각이, 가치관이 다른 세대라는 의미입니다. 그런데 그들의 부모와 다른 이 다음세대가 '여호와를 알지 못했다'라는 것입니다.

우리의 다음세대는 다른 세대가 될 수밖에 없습니다. 이미 사회 문화적으로 그렇게 흘러가고 있습니다. 《90년생이 온다》라는 책이 사회적으로 주목받는 이유를 생각해보십시오. 우리가 우리 부모 세대와 다른 세대인 것처럼 우리의 자녀들, 우리가 가르치는 청소년과 어린이 세대도 다른 세대입니다. 이것을 분명히 인정하고 인지해야 합니다. 우리 그리스도인에게 중요한 것은 다음세대냐, 다른 세대냐의 구분이 아닙니다.

"여호와를 알지 못했다."

바로 이것이 중요합니다.

"여호와께서 이스라엘을 위해 행하신 일도 알지 못했다."

이것이 중요합니다.

그 세대의 사람도 다 그 조상들에게로 돌아갔고 그 후에 일어난 다른 세대는 여호와를 알지 못하며 여호와께서 이스라엘을 위하여 행하신 일도 알지 못하였더라 삿 2:10

우리가 다음세대를 위해서 해야 하는 기도는, 그들이 하나님을 경험할 수 있는 세대가 되게 해달라는 것입니다. 사회 문화적으로 이미 다른 시대를 살아가는 다음세대에게 부모 세대의 문화와 언어, 전통과 신앙의 방법으로 하나님을 가르치는 것이 아니라, 그들이 이해하고 받아들일 수 있도록 하나님의 적극적인 개입하심과 역사하심이 필요한 때입니다.

많은 다음세대 사역자들이 그들이 친숙한 문화를 이용해서 복음을 전하고자 노력하고 있습니다. 정말 귀한 땀방울입니다. 그러나 여기에도 한계는 있습니다. 다음세대의 문화는 너무도 빠른 속도로 변화하고 있고, 사역자들이 그 변화의 속도를 따라가기에는 역부족이기 때문입니다. 교회는 이제 세상의 문화보다 더 앞선 문화와 컨텐츠로 승부를 보려고 하면 안 됩니다. 속도와 양으로 승부를 보는 것이 아니라, 본질로 승부를 보아야 합니다. 그래서 우리의 중보기도가 필요합니다.

우리가 할 수 있는 것은 아주 제한적입니다. 다음세대를 위한 신앙 교육만으로는 그들이 하나님을 경험할 수 없습니다. 이미 위기의 순간을 넘어서, 포기의 단계에 이른 다음세대 신앙 교육 시스템에만 희망을 걸 수는 없습니다. 탁월한 청소년 사역자, 교회학교 전문가들이 이미 위기를 넘어선 다음세대의 교육에 대한 고민과 다양한 시도를 하고 계십니다. 너무 귀한 작업입니다. 그러나 그 모든 일에서 주객이 전도되지 않기를 바랍니다. 도구는 도구가 되어야지 주인이 되면 교육의 정체성까지 흔들려 버립니다. 너무도 본질적인 이야기이지만, 하나님의 적극적인 일하심이 필요합니다. 부인할 수 없는 하나님과의 인격적인 만남이 필요합니다. 우리가 막을 수 있는 수준을 넘었기에 하나님께서 직접 일하셔야 합니다. 이미 미전도 종족이 되어버린 다음세대에, 선교지에서 일어나는 놀라운 하나님의 직접적인 개입하심이 오늘 우리 자녀들의 삶의 현장에 필요합니다. 그래서 우리가 중보해야 합니다.

"하나님, 우리 자녀들을 만나주옵소서."

"우리 다음세대들에게 하나님을 부인할 수 없는 인격적인 교제를 허락해 주옵소서."

chapter **09**

목숨을 건 기도,
중보기도

정말 원하던 일을 간절한 마음으로 할 때, 우리는 '목숨을 걸고 한다'라고 말합니다. 살아오면서 어떤 일을 목숨 걸고 해본 적이 있으십니까? 고등학교 3학년 수험생들에게 선생님들은 1년만 목숨을 걸고 공부해보라고 말합니다. 그러면 좋은 대학, 원하는 대학에 들어갈 수 있다는 겁니다. 운동선수들에게 감독과 코치는 목숨을 걸고 뛰라고 말합니다. 그래야 좋은 성적을 내고, 순위권에 들 수 있다고 합니다. 그리고 실제로 정말 목숨을 걸고 공부하고 훈련하는 이들이 그에 걸맞은 좋은 결과를 내기도 합니다.

목숨을 건 중보기도

"중보기도할 때 목숨을 걸어본 적이 있습니까?"

이런 질문을 하면, 남을 위해 기도하는데 굳이 목숨까지 걸면서 기도할 필요가 있냐고 되물으시는 분들이 있습니다. 저의 대답은 이것입니다.

"네! 우리는 그렇게 기도해야 하고, 그런 마음으로 기도해야 합니다."

간혹 "왜 하나님이 나의 기도에 응답하지 않으실까요?"라고 질문하시는 분들이 있습니다. 저는 그런 분들에게는 먼저 스스로에게 이질문을 해보시길 권합니다.

"나는 정말 죽도록 기도해보았는가?"

하나님은 목숨을 걸고 기도하는 자들의 기도를 절대 그냥 넘어가지 않으십니다. 목숨을 걸고 하는 기도는 하루, 이틀만 집중해서 죽도록 기도하는 수준이 아닙니다. 또 단순히 우리가 기도의 시간을 늘리고, 목이 쉬도록 부르짖는다고 해서 되는 것도 아닙니다. 목숨을 건 기도는 모든 것을 다 하나님께 맡기는 기도입니다. 기도의 이유, 기도의 과정, 기도의 응답, 기도의 능력 등 모든 부분을 다 하나님께 내어 맡기는 기도가 바로 목숨을 건 기도입니다.

이런 기도는, 하나님 앞에서 기도의 이유를 따지지 않습니다. 하나님은 나의 기도를 들으시는 분, 내 모든 기도의 이유가 되시기 때문입니다.

이런 기도는, 기도의 과정을 따지지 않습니다. 시작도 기도, 끝도 기도입니다. 하나님이 기도의 시작이요, 끝이 되어주십니다.

이런 기도는, 기도의 응답을 따지지 않습니다. 모든 응답이 하나님께 속해 있기 때문입니다.

이런 기도는, 기도의 능력을 따지지 않습니다. 기도의 능력은 하나님으로부터 시작하고, 그 능력을 거두시는 분도 하나님이시기 때문입니다.

이런 기도를 하는 사람이 바로 목숨을 걸고 기도하는 사람입니다. 모든 기도의 중심을 하나님께 두기 때문입니다.

그렇다면, 이런 기도를 하는 분들이 주변에 정말 계실까요? 네, 있습니다. 목숨을 걸고 기도하시는 분들이 계십니다. 그중에 우리의 어머니들이 포함될 것입니다. 저는 이 땅에서 가장 예수님의 사랑과 닮은 사랑을 품고 계신 분이 있다면, 우리의 어머니들이라고 생각합니다. 무조건적인 사랑, 제한이 없는 사랑, 그 끝을 알 수 없는 사랑. 이 땅에서 그런 사랑을 줄 수 있는 분은 오직 어머니밖에 없습니다. 열 달을 배 속에서 키우시고, 온몸이 부서지는 고통을 감내하면서 이 땅에 생명을 내고, 그 자식을 위해서 모든 희생을 감내할 수 있는 분들입니다.

한번은 기도모임 설교 중에 청년들에게 핸드폰을 꺼내서 가장 사랑하는 이에게 사랑의 고백을 해보자고 했습니다. 그냥 사랑하는 사람 말고, 정말 목숨을 다해서 나를 사랑해주는 이에게 사랑의 문자를 보내자고 했습니다. 결과를 보니, 청년 대부분이 어머니에게 문자를 보냈습니다. 청년들도 이미 그들이 어머니로부터 그러한 엄청난 사랑을 받고 있다는 사실을 알고 있는 것입니다.

어머니의 기도는 목숨을 건 기도입니다. 이것은 크리스천에게만 적용되는 말이 아니라, 믿지 않는 어머니들도 자식들을 위해서는 목숨을 걸고 기도합니다. 기도하는 대상이 다를 뿐, 그 마음의 소원하는 크기는 모두 같을 것입니다. 자식이기에, 내 피와 살을 먹고 자란 자식이기에 어머니는 자신의 목숨을 걸 수 있습니다.

예수님을 닮은 사랑

저는 늘 부모님에게 죄송합니다. 아무리 목사는 불효자가 될 수밖에 없다고 하지만, 이렇게까지 불효자일지는 몰랐습니다. 성도들의 대소사(大小事)는 챙기지만, 어머니의 생신 한 번을 제대로 챙기지 못했습니다. 어머니께서 몸이 아프셔도 고향에 한 번 내려가 보지를 못합니다. 통화하는 목소리가 어두우실 때는 마음이 무겁습니다.

제 아내는 어머니와 통화하는 것을 무척 좋아합니다. 일주일에 몇 번씩 통화합니다. 그런데 정작 저는 사역을 핑계로, 바쁘다는 이유로 어머니와의 통화가 갈수록 짧아지고 있습니다. 교회 청년들, 집사님들과 권사님들에게는 안부 전화를 그렇게 잘하면서, 어머니와의 통화는 계속 줄어들고 있습니다. 그럼에도 어머니는 오늘도 새벽잠을 설치면서 피곤한 몸을 이끌고 새벽 기도회로 향하십니다. 어깨 수술을 하고 팔이 아프신 데도 제가 겉절이를 좋아한다고 굳이 새벽부터 겉절이김치를 해서 집에 놓고 가십니다.

무엇보다 가장 죄송하고 감사한 것은, 어머니의 중보기도입니다. 어머니는 할머니에게 아들을 낳지 못한다고 그렇게 모진 구박을 받으셨으면서도 중풍으로 쓰러진 할머니를 15년 넘게 병간호하시다가 천국으로 보내드렸습니다. 그리고 할아버지를 2019년에 하나님 품으로 보내드리면서 시집오시며 시작했던 45년간의 시집살이를 마치셨습니다.

그 어려웠던 시간을 보내시면서 저희 어머니가 제일 행복했던 날은 바로 저의 목사 안수식이라고 하셨습니다. 그날 어머니는 저를 안아주시면서 "오늘 엄마가 가장 행복한 날이야"라고 말씀하셨습니다. 그 말을 듣는 저는 속에서 차오르는 눈물을 참을 수가 없었습니다.

'내가 뭐라고….'

그렇게 모진 삶을 살아오신 어머니에게 가장 행복한 날을 안겨드릴 자격이 저에게 있을까요? 남에게 모진 말 한 번 안 하시고, 다른 이들에게 피해 한 번 주지 않고 그렇게 아름다운 삶을 사신 어머니에게 행복한 날이 바로 제가 목사가 되던 날이라고 하시니, 저는 그저 눈물밖에 흐르지 않았습니다. 어머니는 다른 소원 없이 그저 제가 하나님께 온전히 쓰임 받는 목회자가 되기만 원하신다고 하셨습니다. 십자가의 은혜를 기억하고, 하나님의 나라를 소망하며, 연약한 자들을 위해서 늘 말씀과 기도로 몸부림치는 그런 목사가 되기를 원하셨습니다. 그리고 오늘도 어머니는 저를 위해서 그렇게 중보기도하고 계십니다. 눈이 와도, 비가 와도, 바람이 불어도, 어떤 상황 속에서도 어머니는 그렇게 자식을 위해 기도해주시는 분입니다. 그래서 목숨을 건 기도의 가장 아름다운 샘플이 어머니의 기도라는 것입니다. 그래서 어머니의 사랑이 가장 예수님의 사랑과 닮았다는 것입니다. (이 부분을 쓰면서, 마음 한구석에는 참 죄송한 마음이 있습니다. 어려서 부모님을 잃어 어머니의 사랑을 온전히 느껴보지 못한 형제자매들도 많기 때문입니다. 또 오히려 부모의 학대와 폭력으로 씻을 수 없는 상처를 안게 된 분들도 있을 겁니다. 그래서 조심스러웠습니다. 하지만, 이 땅을 사는 동안 어머니의 사랑에 비견할 만한 것이 없음 또한 사실이기에, 이 이야기를 씁니다. 그런 어머니가 계시든 그렇지 못하든 간에 우리 한 사람, 한 사람은 이 땅의 어머니의 사랑과는 비교할 수 없는 하나님의 사랑에 이미 속해 있다는 것을 꼭 말씀드리고 싶었습니다. 하나님께서는 우리를 사랑하십니다. 지금도 주님은 우리의 손을 꼭 붙잡고, 품에 안아주고 계십니다. 부모님이 전해주지 못한 그 사랑까지 포함해서 말입니다. 예수를 주로 고백하는 우리에게는 참부모이신 하나님께서 늘 사랑으로 함께해주십니다.)

마리아의 기도

주님은 십자가 위에서 어머니 마리아를 찾았습니다. 그리고 곁에 있던 사랑하는 제자 요한에게 어머니를 부탁하십니다. 예수님은 세상의 모든 죄를 대신 지고 십자가에 달리신 하나님의 아들이셨지만, 피와 물을 흘리며 십자가에서 죽어가는 자식을 바라보면서 피눈물을 흘리는 어머니 마리아의 아들이기도 했습니다.

요한복음 19장 26절에서 예수님이 마리아를 "여자여"(개역개정)라고 부르든 "어머니"(공동번역)라고 부르든, 지금 이 순간 그것이 무슨 소용이겠습니까? 십자가에 달리신 주님에게 마리아는 죽는 그 순간까지도 육신의 아들로서 책임을 지고 싶은 사랑하는 어머니였습니다.

이 장면을 묵상할 때마다 느끼는 것이 있습니다. 어머니라는 존재는 정말 자식을 위해서라면 목숨까지 내놓을 수 있겠구나 하는 것입니다. 십자가형을 받는다는 것은 로마 황제를 모욕했다는 의미이며, 로마의 체제를 부정하는 반동분자라는 사실을 의미합니다.

그런 반국가적인 범죄자를 따라서 골고다 언덕까지 올라갔으니, 아무리 어머니라고 해도 로마 군인들에게 해(害)를 당할 수도 있는 상황입니다. 주님을 3년 동안 따랐던 제자들은 다 어디 갔습니까? 결국, 자신의 목숨을 지키고자 도망간 것 아닌가요? 그러나 마리아는 자신의 안위를 먼저 생각하지 않습니다. 어머니였기 때문입니다.

세상의 모든 어머니는 이런 존재입니다. 아무리 세상이 각박하고 부모와 자식 간의 관계가 소원해진다 해도, 부모의 마음은 변할 수 없습니다. 자식에게 평생 씻을 수 없는 상처를 주었다면, 자식은 그 상처를 이길 수 있을지라도, 부모는 그 짐의 무게를 평생 지고 살다가 무덤에까지 지고 가게 됩니다. 그것이 부모의 사랑인 것 같습니다.

이런 부모님이 자식을 위해 기도한다면, 그저 필요한 것이나 달라고 대충 기도할 수 있을까요? 절대 그럴 수 없습니다. 특히, 자식이 아프거나 큰 어려움을 겪고 있다면, 그 부모는 절대 대충 기도할 수 없습니다. 형식적이거나 피상적일 수 없습니다. 아픈 자식을 위해서 대신 죽을 수 있다면 죽겠다는 마음을 가진 분들도 어머니시지요. 그래서 어머니의 기도는 목숨을 건 기도입니다.

마리아 역시 십자가에 달린 주님을 보며 '내가 대신 저 십자가에 올라가고 싶다'라는 마음이 있지 않았을까요? 만약 그것이 가능했다면, 실제로도 그렇게 했을 것입니다. 그러나 그 십자가는 오직 예수님만 감당하실 수 있는 사명이었기에, 마리아는 바라볼 수밖에 없었습니다. 아마 그때에도 마리아는 계속 목숨을 건 기도를 드렸을 것입니다.

자격 없는 자들을 부르시다

우리 주님도 목숨을 건 중보기도를 여러 차례 보여주셨습니다. 가장 잘 알려진 주님의 중보기도는, 아마도 잡히시기 전 겟세마네에서 드리신 기도일 것입니다.

이에 예수께서 제자들과 함께 겟세마네라 하는 곳에 이르러 제자들에게 이르시되 내가 저기 가서 기도할 동안에 너희는 여기 앉아 있으라 하시고 베드로와 세베대의 두 아들을 데리고 가실새 고민하고 슬퍼하사 이에 말씀하시되 내 마음이 매우 고민하여 죽게 되었으니 너희는 여기 머물러 나와 함께 깨어 있으라 하시고 조금 나아가사 얼굴을 땅에 대시고 엎드려 기도하여 이르시되 내 아버지여 만일 할 만하시거든 이 잔을 내게서 지나가게 하옵소서 그러나 나의 원대로 마시옵고 아버지의 원대로 하옵소서 하시고 제자들에게 오사 그 자는 것을 보시고 베드로에게 말씀하시되 너희가 나와 함께 한 시간도 이렇게 깨어 있을 수 없더냐 시험에 들지 않게 깨어 기도하라 마음에는 원이로되 육신이 약하도다 하시고 다시 두 번째 나아가 기도하여 이르시되 내 아버지여 만일 내가 마시지 않고는 이 잔이 내게서 지나갈 수 없거든 아버지의 원대로 되기를 원하나이다 하시고 다시 오사 보신즉 그들이 자니 이는 그들의 눈이 피곤함일러라 또 그들을 두시고 나아가 세 번째 같은 말씀으로 기도하신 후이에 제자들에게 오사 이르시되 이제는 자고 쉬라 보라 때가 가까이 왔으니 인자가 죄인의 손에 팔리느니라 마 26:36-45

주님이 잡히시기 전 마지막 기도를 드리러 가시며 습관에 따라 혼자 가지 않으시고 제자들, 특히 베드로와 야고보와 요한을 데리고 가셨습니다. 그런데 저는 이 장면에서 너무 마음이 어려웠습니다. 함께 갔던 제자들의 모습이 떠올랐기 때문입니다. 주님은 바로 앞에서 베드로가 세 번이나 예수님을 부인할 것을 말씀하셨습니다. 실제로 그는 주님을 버리고 도망갔고, 주님의 말씀대로 세 번 부인하게 됩니다.

세베대의 두 아들, 야고보와 요한은 또 어떻습니까? 주님이 당하

실 수난에 대해 세 번째로 제자들에게 말씀하실 때쯤이었습니다. 세
베대의 아들의 어머니가 야고보와 요한을 데리고 와서 "주의 나라
에서 하나는 주의 우편에, 하나는 주의 좌편에 앉게 명하소서"(마
20:21)라고 요청합니다(마가복음에서는 야고보와 요한이 요청합니다: 막
10:35-45 참조). 그들은 아직도 예수를 정치적인 메시아로 인식하고
있는 것입니다. 나중에 두 아들은 도망가지만, 이 여인은 십자가 곁
에서 끝까지 주님을 지킵니다(마 27:56 참조).

그 요청에 주님은 "너희는 너희가 구하는 것을 알지 못하는도다
내가 마시려는 잔을 너희가 마실 수 있느냐"(마 20:22)라고 물어보십
니다. 제자들은 주님의 이 말씀이 어떤 의미인지를 전혀 알지 못했습
니다. 예수님이 말씀하시는 잔은 진노의 잔, 곧 주님도 그렇게 피하
고 싶으셨던 잔입니다. 주님이 하신 말씀을 기억하실 겁니다: "내 아
버지여 만일 할 만하시거든 이 잔을 내게서 지나가게 하옵소서"(마
26:39). 제자들은 그 잔을 한참 오해하고 있었습니다. 그들은 영광
의 잔을 구했지만, 예수님이 감당하셔야 하는 잔은 영광과는 정반대
인 진노의 잔, 죽음의 잔, 배신의 잔, 그리고 외면의 잔이었습니다.

이렇게 배신하고, 깨닫지 못하고, 자신의 영광에만 관심 있던 제
자들이었는데, 주님은 이들에게 어찌보면 가장 중요한 '목숨을 건
중보기도'를 요청하셨는지 이해가 되지 않았습니다.

제자들에게 오사 그 자는 것을 보시고 베드로에게 말씀하시되 너

희가 나와 함께 한 시간도 이렇게 깨어 있을 수 없더냐 시험에 들지 않게 깨어 기도하라 마음에는 원이로되 육신이 약하도다 하시고 … 다시 오사 보신즉 그들이 자니 이는 그들의 눈이 피곤함일러라

마 26:40,41,43

너무도 비참합니다. 베드로와 야고보와 요한, 이미 그들은 중보 기도자로서 자격 미달입니다. 아니, 그들은 기도하면 안 되는 이들입니다. 그들의 기도는 하나님께서도 거부하실 수 있는 기도입니다. 그런데 말씀을 묵상하는데 마음이 너무 아려왔습니다. 바로 주님의 이 말씀 때문입니다.

내 마음이 매우 고민하여 죽게 되었으니 … 나와 함께 깨어 있으라

마 26:38

주님의 마음이 죽을 정도로 고민이 된다는 표현입니다. 십자가는 주님도 감당하기 어려운 선택이었습니다. 그래서 주님이 요청하십니다. 자격이 없는 그 제자들에게 요청하십니다.

"나와 함께해줄 수 있겠니?"

바로 주님의 고난에 동참해달라는 요청입니다. 십자가를 대신 져달라는 것이 아닙니다.

"이제 내가 목숨을 걸고 십자가를 감당할 텐데, 너희도 목숨을 걸고 나를 위해서 기도해줄 수 있겠니?"

그 삶 자체가 이 세상을 위한 목숨을 건 중보기도이셨던 주님이 제자들에게도 목숨을 건 중보기도를 요청하시는 것입니다.

"너도 나와 함께할 수 있겠니? 너도 목숨을 걸고 기도할 수 있겠니?"

주님의 음성이 전해지는 것 같았습니다. 주님의 그 음성은 자격 없는 우리에게도 목숨을 건 중보기도를 요청하고 있었습니다. 그 요청에 한참을 멍하니 있었습니다. 그리고 또 이런 마음이 들었습니다.

'주님, 제가 뭐라고….'

사실 우리가 베드로, 야고보, 요한, 심지어 가룟 유다와 다를 바가 무엇입니까? 주를 위해서 사역한다고 하지만, 세상의 좋은 것, 값진 것이 눈앞에 있으면 시선을 빼앗기는 우리 아닌가요? 내가 불리하면 주님을 몇 번이고 부인하는 우리 아닌가요? 그런데 주님은 우리에게도 동일하게 기도를 요청하십니다.

"나를 위해서 목숨을 걸고 기도해줄 수 있겠니?"

이 음성에 적극적으로 대답해지고 싶어졌습니다.

"주님, 저 자격 없지만, 주님을 여러 번 부인하고, 주님 외면하면서 그렇게 살았던 적이 많지만, 제 인생 가운데서 단 한순간이라도 정말 주님을 위해서 목숨을 걸고 기도하고 싶어요."

이 고백이 흘러나왔습니다. 아마 저만은 아닐 것입니다. 지금 이 글을 읽고 있는 분들도 마찬가지일 것입니다. 잡히시기 전, 주님은 베드로와 야고보와 요한에게만 기도를 부탁하신 것이 아니라, 만삭되지 못한 자 같은 우리에게도 요청하신 것입니다. 이제 우리가 반응을 보여야 합니다.

우리의 어머니들이 그렇게 목숨을 걸고 우리를 위해 기도해주셨던 것처럼, 우리 주님이 그렇게 십자가를 앞에 두고 함께 고난에 동참해 달라고 하셨던 것처럼, 이제 우리에게 주어진 중보기도의 십자가를 외면하지 않기를 소망합니다.

이 시대의 교회는 힘이 없어서 무능력해진 것이 아니라, 기도에 목숨을 걸지 않아서 하나님의 역사를 보지 못하는 것입니다. 주님은 이제 공동체가, 교회가 중보기도를 하기 원하십니다. 목숨을 건 중보기도를 하기 원하십니다. 함께 주님의 요청에 반응하기를 소망합니다.

우리가 목숨을 걸고 기도할 때, 하나님의 나라는 세워질 것입니다. 연약한 우리들을 통해서 하나님의 나라가 이 땅 가운데 세워지리라 확신합니다.

목숨 걸고 기도할 제목 기록하기

우리가 지금 목숨을 걸고 기도해야 하는 일들이 있습니다. 나라와 민족의 큰 문제를 놓고, 교회를 위해, 가족을 위해, 환우들을 위해, 그리고 여러 가지 문제와 어려움을 가지고 있는 이들을 위해 기도해야 합니다. 그리고 가장 사랑하는 부모님, 가족을 위한 기도를 절대 잊지 마시기 바랍니다. 중보기도의 여러 제목을 기도노트에 적고 함께 기도하기를 원합니다.

꼭 해야 할 중보기도

_____

_____

_____

_____

_____

_____

_____

_____

_____

chapter **10**

하나님 음성을
구하는 기도,
중보기도

《하나님 음성 듣기》가 규장에서 출간될 때쯤, 저는 이미 중보기도에 대한 이 글을 쓰고 있었습니다. 그리고 중보기도에 대한 하나님의 마음을 청년들과 같이 나누었고, 그 사이에 우리는 '코로나19'라는 전 세계적인 전염병 대유행을 만났습니다. 코로나19 사태는 국가적 재난일 뿐 아니라, 전 세계적인 혼돈을 불러왔습니다.

사람들의 일상이 멈췄고, 교회들도 강제적으로 온라인예배를 이어나갈 수밖에 없었습니다. 세상은 초기 코로나 확산의 주범이 된 특정 이단에 대해 손가락질하다가, 그 질타를 교회로 이어갔습니다. 세상은 교회를 압박했고, 교회는 너무도 위축되었습니다. 사람들은 정부의 단계적인 지침과 상황을 예의주시하는 교회를 마치 헌금에만 목숨을 건 속물 집단인 것처럼 손가락질하고 비난했습니다.

그렇게 코로나는 한국의 교회를 마치 이단과 다를 바 없는 집단인 것처럼 몰아갔습니다. 너무 마음이 아팠습니다. 가슴이 찢어질 듯한 고통이었습니다. 부활주일예배를 온라인예배로 드릴 거라곤 한 번도 상상해보지 못한 일이었기 때문입니다.

언제나 묵묵히 가야할 길

이미 팬데믹 초기에, 코로나 이전과 이후의 삶이 완전히 달라질 것이라는 전망이 쏟아져 나왔습니다. 우리는 절대 코로나19 이전으로 돌아갈 수 없다는 것이었습니다. 사회, 정치, 경제, 문화, 심지어 종교에서도 코로나 이전 시대의 삶의 양식으로 돌아가지 못한다고 했습니다. 시간이 지나면서 개인적으로는 긍정적인 결과를 기대하지만, 현실은 그렇지 못한 것 같습니다. 바이러스는 변이가 계속 나타나고 있고, 시간이 지난 후에는 다른 바이러스로 인해 또 다른 팬데믹이 올 수도 있다고 합니다. 그러면 우리는 이런 멈춤의 시간을 다시 가져야 할지도 모릅니다. 더 깊은 수렁과 더 큰 혼란의 시간을 마주해야 할지도 모릅니다. 시간이 지나도 다람쥐 쳇바퀴 도는 것 같은 그런 상황 속에서, 저는 개인적으로 계속해서 하나님께 질문하고 또 질문했습니다.

"하나님, 지금 이 혼돈 속에서 우리에게 원하시는 것이 무엇이십니까? 저에게 원하시는 것이 무엇입니까? 당신의 자녀들, 그리스도인들에게 원하시는 것이 무엇입니까?"

마가복음을 묵상하는데 하나님이 제 질문에 이런 음성을 허락하셨습니다.

"너의 사명을 붙잡고, 너의 길을 묵묵히 가는 것이란다."

세상은 이제 교회가 변하지 않으면 죽는다고 하는데, 하나님은 저의 사명을 붙잡으라고 하셨습니다. 더구나 섬기고 있던 교회의 사정으로 인해 사랑하는 청년들과 떨어져서 다른 사역을 해야 하는 제게, 하나님은 저의 사명에 집중하고 저의 길을 가라고 하셨습니다.

저는 늘 저의 사명이 청년들과 함께 하나님의 나라를 세워나가는 것이라고 믿었습니다. 그리고 실제로 그렇게 사역을 해왔습니다. 그런데 저의 사역의 자리가 바뀐 상황에서, 코로나19로 인해서 교회가 갈팡질팡하는 이 혼란의 때에 오히려 하나님께서 '사명'에 대한 말씀을 하시니 개인적으로는 참 마음이 답답했습니다. 저의 사명이 달라져야 한다는 것인지, 제가 그동안 저의 사명을 잘못 알고 있었던 것인지, 여러 가지 생각을 하게 되었습니다.

새로운 사역 터전을 여시다

하나님께서 중보기도에 대한 마음을 주신 후로 기도의 시간을 조금씩 늘려나갔습니다. 개인적으로 기도하는 시간이 일상에 치여서 계속 흔들리고 있을 때, 하나님께서는 매일 새벽, 기도의 자리에 나와 기도하는 우리 청년들을 보게 하셨고, 그들이 기도의 자리를 끝까지 지킬 수 있도록 중보기도하게 하시면서 저에게도 또 다른 중보기도의 시간을 가지게 하셨습니다.

기도하면 할수록 하나님께서는 제가 더 중보기도를 해야 하는 많은 사람을 보게 하셨습니다. 그리고 계속해서 중보기도 공동체를 세워나가야 한다는 마음을 허락하셨습니다. 이미 저는 교회에서 청년 사역을 내려놓게 되었는데, 그 마음은 더욱 강하게 다가왔습니다. 저는 하나님께 다시 여쭈었습니다.

"하나님, 저 이제 청년 공동체도, 교구도 내려놓습니다. 제가 훈련을 시키고, 함께 기도할 수 있는 공동체가 없습니다. 그런데 왜 계속 그런 마음을 주세요. 정말 중보기도의 공동체를 세워나가는 것이 하나님의 뜻이라면 방법을 알려주세요."

답답한 마음에 푸념하듯 한 그 기도에 하나님은 응답을 주셨습니다. 바로 하나님 음성 듣기 온라인 훈련이었습니다. 하나님께서는 저에게 청년 공동체의 제자훈련이 확장될 때의 일들을 떠오르게 하셨습니다.

2015년에 청년부를 받으면서 시작한 첫 번째 훈련이 '제자훈련'이었습니다. 저는 제자훈련을 일대일로 진행했습니다. 한번 훈련을 시작하면 약 3개월에서 4개월 정도를 진행했습니다. 당연히 1년 동안 3,4명의 청년과만 제자훈련을 할 수밖에 없었습니다. 그러나 제자훈련을 받은 청년들이 또 다른 청년들과 훈련을 진행했고, 그렇게 점차 훈련이 확장되어 나갔습니다.

3년 정도 지나면서는 청년들이 자발적으로 제자훈련을 진행하고,

심지어 스스로 그룹제자훈련을 만들어서 청년들끼리 더 풍성한 영적인 교제를 나누고, 서로 능동적인 훈련을 이어나가는 것을 보게 되었습니다. 단 한 명이라도 하나님 음성 듣기 훈련에 참여하고자 하는 사람들이 있다면, 그들을 통해서 하나님의 마음을 나누라는 의지를 가지게 하셨습니다. 그리고 순종하는 마음으로 SNS를 통해서 하나님 음성 듣기 온라인 훈련을 함께하실 분들을 모집했습니다.

익숙한 우리 청년들과만 훈련을 진행했었기 때문에 외부의 다른 교인들과 이런 훈련을 진행하는 것이 어색하고 부담이 된 것은 사실이었습니다. 그러나 하나님의 뜻이 있다면 이 훈련도 진행하게 하시리라는 것을 믿고 도전해보았습니다.

정말 몇몇 분들이 이메일을 보내오셨고, 그렇게 하나님 음성 듣기 온라인 훈련 1기가 시작되었습니다. 그리고 동시에 제가 교회에서 진행하던 하나님 음성 듣기 훈련에도 같은 비전을 나누었습니다. 그 훈련에 참여하고 있는 청년들은 이미 제자훈련과 큐티훈련을 받은 청년들입니다. 그리고 저의 목회적인 비전도 잘 알고 있는 청년들이었습니다.

그들에게 하나님께서 주신 이 마음을 같이 나누면서, 그들이 관계하고 있는 믿음의 지체들과 훈련을 자발적으로 진행해보길 권면했습니다. 되도록 우리 교회의 청년들이 아니라, 평소에 그들과 영적인 교제를 나누는 친구들, 직장의 동료들, 가족과 함께 훈련을 진행하기를 권면했습니다.

이런 권면을 하면서도, 사실 제 마음 한구석에는 너무 청년들에게 부담을 주는 것은 아닌지 하는 마음도 있었습니다. 그러나 모든 것이 하나님의 주권 아래 진행되리라 생각하며, 기도하면서 함께 준비해보자고 했습니다. 실제로 훈련을 마친 청년들은 자신들이 기도하던 믿음의 지체들과 훈련 모임을 만들었고, 그들이 훈련의 호스트가 되어서 하나님 음성 듣기 훈련을 이어나갔습니다.

변하지 않는 것, 변해야 하는 것

하나님께서는 이런 우리의 작은 움직임을 기뻐하신 것 같습니다. 왜냐하면 하나님은 계속해서 하나님의 나라가 이 땅 가운데서 세워지기를 원하십니다. 하나님의 나라가 무엇입니까? 하나님께서 통치하시고 이끄시는 나라입니다. 그런 모임, 그런 공동체입니다. 저는 곳곳에 세워지는 하나님 음성 듣기 훈련 모임이 작은 하나님의 나라가 되길 소망합니다. 그런 모임들이 더 나아가서는 중보기도의 네트워크를 형성하기를 간절히 소망합니다. 각자가 하나님의 나라를 세우기 위해 자신의 삶의 자리에서 말씀을 묵상하고, 전심으로 기도하는 자들이 서로를 위해 중보기도의 네트워크를 형성한다면, 정말 아름다운 하나님의 나라가 되지 않을까 기대해봅니다.

저의 사명이 조금은 분명해지는 것 같습니다. 그 사명은 틀리지도 않았고, 변하지도 않았습니다. 여전히 청년들과 하나님의 나라를 세워나가는 것이고, 이를 위해서 하나님은 계속해서 저의 사명을 붙잡도록 훈련하시고 저의 길을 가게 하실 것입니다. 제가 어디서 무엇을 하든, 어떤 사역을 감당하고, 누구와 함께하든지 상관없이 제가 가야 하는 길을 분명하게 알고 걸어가길 원하십니다. 아무리 세상이 혼란해도 하나님은 저에게 주신 분명한 사명을 계속 기억하게 하십니다.

사명은, 목숨을 걸고 지켜야 하는 것이라고 합니다. 그래서 목숨 명(命)자가 들어가는 것이겠지요. 이 땅에서 교회가 아무리 흔들려도 하나님께서 우리 각자에게 주신 그 사명은 목숨을 걸고 붙잡아야 합니다. 아무리 세상이 손가락질한다 해도, 그리스도인으로서 우리가 책임져야 하는 하나님의 나라는 절대 포기하지 말아야 합니다. 그리스도인이 하나님의 나라를 포기하거나, 하나님의 나라를 외면한다면 그때가 아마도 심판의 때가 되지 않을까 합니다.

하나님은 그렇게 세워지는 하나님의 나라들, 지금도 건강하게 세워지는 하나님의 나라들을 주목하고 계십니다. 두세 사람이 모여도 그곳에서 건강한 말씀과 기도가 나누어진다면 그곳이 바로 하나님의 나라가 되는 것입니다. 하나님은 이런 작은 하나님의 나라들이 서로 연합하기를 원하십니다. 만약 코로나19로 인해서 교회의 패러다임이 바뀌어야 한다면, 다시 초대교회의 모습으로 돌아가야만 하는 것은 아닐까요?

작아 보이지만 복음이 살아 있는 공동체, 세상의 억압 속에서도 목숨을 걸고 십자가의 은혜를 고백하는 공동체, 연약해 보이지만 성령의 능력을 매일 경험하는 공동체, 늘 세상의 공격을 받지만 하나님의 은혜가 그보다 더 큰 공동체, 세상의 수많은 소리 가운데서도 하나님의 음성에 따라서 민감히 반응하는 공동체, 그래서 서로 진실한 중보기도로 하나님의 나라를 세워나가는 공동체.

만약 '위기가 곧 기회'라는 말이 교회에 적용된다면, 우리 그리스도인들은 이 기회를 놓쳐서는 안 됩니다. 하나님은 한국 기독교 130년의 역사 동안 엄청난 부흥을 경험하게 하셨습니다. 그러나 우리는 그사이에 너무나 빠른 세속화와 타락으로 하나님의 축복을 무가치하게 만들어버렸습니다. 그러니 어쩌면 우리는 코로나19 사태로 인해 이전으로 돌아갈 수 없음을 감사하게 여겨야 할 것입니다. 이전으로 돌아간다면 그것은 축복이 아니라 하나님으로부터 버림받는 저주가 되어버릴 것입니다. 그때는 정말 이단과 다를 바 없어질지 모릅니다.

우리는 지금 변해야 합니다. 그 변화는 세상의 흐름에 휩쓸리는 변화가 아니라, 하나님의 음성에 반응하는 변화여야 합니다. 지금 한국교회가 변해야만 한다는, 체질을 바꾸고 영적인 흐름을 바꿔야 한다는 하나님의 울부짖음을 들어야 합니다.

코로나19 이후의 시대를 준비하면서, 그리스도인의 분명한 본질은 우리의 왜곡된 신앙, 변질된 영적인 체질을 송두리째 바꾸어야 한다는 것입니다. 그래야 교회가 교회로써 존재할 수 있습니다. 그 하나님의 음성을 들어야 합니다. 하나님께서 안타까워하시는 간절함을 느껴야 합니다. 교회가 시대에 발맞춰서 가야 한다고 해서 본질을 잃어버리면 교회의 정체성을 상실해 버릴 수밖에 없습니다.

위기의 때에 드러나는 진짜

위기의 순간에 드러나는 것은 본질을 붙잡은 자들과 비본질에 목숨을 건 자들입니다. 코로나19 이후로는 더욱 이 본질과 비본질의 싸움이 될 것입니다. 본질을 붙잡는 자들은 당장은 어려워 보이지만 결국에는 살아남을 것이고, 비본질로 치장하던 자들은 겉으로는 그럴싸해 보이지만 성도들이 외면할 것입니다. 그 이유는 다른 곳에 있지 않습니다. 성도들이 교회에 나오는 이유는 하나님의 말씀을 듣고, 기도를 나누고, 하나님의 나라를 경험하기 위함이기 때문입니다. 이 본질, 곧 교회가 사명을 잃어버리면 위기 이후에는 점차 무너질 수밖에 없습니다.

지금 우리는 요한계시록에서 주님이 일곱 교회에 주시는 말씀을 기억해야 합니다(계 2-3장). 처음 사랑을 버린 에베소교회, 충성하라는 말씀을 받은 서머나교회, 영적인 간음을 회개하라는 말씀을 받은 버가모교회, 회개할 기회를 받았으나 회개하지 않은 두아디라교회, 살아 있다 하는 이름을 가졌으나 죽은 자 같은 사데교회, 끝까지 말씀에 순종하고 세상과 타협하지 않은 충성된 교회가 되라는 빌라델비아교회에 대한 말씀, 마지막으로 차지도 뜨겁지도 않은 라오디게아교회를 향한 주님의 말씀. 아마도 이 시대의 교회에도 주님은 똑같은 말씀을 하실 것입니다. 그렇다면 지금 우리에게 들리는 하나님의 음성은 무엇입니까? 요한계시록에서 일곱 교회에 주시는 주님의 말씀을 요약하면, '제발 나의 음성을 듣고, 기억하고, 행하라'라는 것입니다.

귀 있는 자는 성령이 교회들에게 하시는 말씀을 들을지어다 계 3:22

성령께서 교회에 하시는 말씀을 들으라는 것입니다. 아무리 하나님께서 말씀하셔도 듣지 않기 때문에 제발 좀 들으라고 부탁하십니다. 우리가 기도를 하는 이유도 하나님의 말씀, 그분의 음성을 듣기 위함입니다. 기도는 우리가 하나님의 나라와 의를 구하며, 그분의 뜻을 들을 수 있는 통로입니다. 우리는 그분의 음성에 귀를 열고 듣고 반응하면 됩니다.

그런데 우리의 연약함을 아시는 하나님께서는 중보기도라는 선물을 우리에게 허락해주셨습니다. 내가 연약하기에 함께 기도할 수 있도록 배려해주신 것입니다. 우리가 하나님의 음성에 둔감하기에 함께 그분의 음성을 들을 수 있도록 도와주신 것입니다. 중보기도는 하나님의 음성을 들을 수 있도록 우리의 귀를 열어줍니다.

위기의 시대에, 고난의 현장에 있을 때, 우리는 스스로의 귀를 잘 열지 못합니다. 상황만 바라보고 거기에 매몰되기 때문입니다. 하나님께서는 그런 우리의 모습을 보시면서 함께 하나님의 음성을 듣기 위해서 계속해서 중보기도하는 자들을 세워주십니다. 그것이 중보기도의 유익입니다. 그리고 이것이 바로 우리가 지금 중보기도를 해야 하는 이유입니다. 고난의 순간에 중보기도가 필요한 이유입니다. 절망의 현장 속에서 중보기도를 찾아야 하는 이유입니다. 우리가 위기의 때에 중보기도 공동체가 되어야 하는 이유입니다.

사명이 본질을 지킨다

세상이 어떻게 흘러갈지 그 누구도 장담할 수 없습니다. 시간은 또 그렇게 흘러갈 것이며, 우리는 또 조금씩 변화되어갈 것입니다. 기독교 이천 년 역사 속에서 코로나19 상황과 같은 수많은 역사의 변곡점들이 있었지만, 그 엄청난 변화의 폭풍 속에서도 복음은 변하지 않았습니다.

14세기 유럽에 흑사병이 돌던 때에도, 르네상스와 18세기 산업혁명 시대에도, 20세기 제국주의 식민지배와 세계대전이 있던 때에도, 사람들의 삶의 양식은 바뀌었지만 복음은 여전했습니다. 코로나 이후에도 마찬가지일 것입니다. 아무리 4차 산업 시대라고 해도 복음은 여전히 동일합니다. 본질은 바뀔 수가 없습니다. 오히려 십자가의 은혜가 더 갈급한 시대가 될 것입니다. 우리는 본질만 추구하면서 살아가면 됩니다.

현상에 집중하다 보면 본질을 놓치기 쉽습니다. 세상의 변화에 지나치게 민감하다 보면 하나님나라에 둔감해집니다. 시대의 흐름에 휩쓸리다 보면 하나님의 말씀을 흘려버리게 됩니다. 세상의 지식과 사람의 말이 커질수록 우리는 기도를 멀리하게 됩니다.

위기의 시대라고 말하는 지금, 과연 그리스도인으로서 우리는 어떤 삶의 방식을 취하면서 살아가고 있는지 돌아봐야 할 것입니다. 본질에 집중한다고 해서 세상을 못 읽는 것이 아닙니다. 하나님나라를 추구한다고 해서 세상의 변화에 둔감한 것이 아닙니다. 하나님의 말씀과 음성에 집중한다고 해서 세상을 모르거나 이해하지 못하는 것이 아닙니다. 단지 비본질이 본질인 척 가장(假裝)하는 시대에 본질을 추구하자는 것입니다. 역사는 본질을 기억하지, 비본질을 기억하지 않습니다. 역사 속에서 본질은 바뀌지 않지만, 비본질은 상황에 따라 살아남기 위해서 늘 변화합니다. 우리가 어디에 집중하고 있는지 돌아봐야 하는 분명한 이유가 여기에 있습니다.

교회는 사명을 붙잡아야 합니다. 그 사명이 교회의 본질을 지켜줄 것입니다. 우리는 그리스도인으로서의 사명을 붙잡아야 합니다. 우리가 사명을 선택하는 것이 아니라, 그 사명이 우리를 인도하기 때문입니다. 그리스도인으로서 우리의 사명이 무엇입니까? 이 땅에 하나님의 나라를 세워나가는 것입니다. 하나님 사랑, 이웃 사랑의 가치를 이 땅에 실천해나가는 것입니다.

하나님의 나라는 우리가 연약해서 성취하지 못하는 것이 아닙니다. 우리의 마음과 시선이 지금 하나님나라에 있지 않기 때문입니다. 그것이 우리의 진짜 연약함입니다. 그러므로 우리는 서로 공동체로 묶어야 합니다. 덩치만 큰 공동체가 아닙니다. 작지만 건강한 하나님의 나라로 모이는 것입니다. 서로 같은 믿음의 방향성을 가진 이들이 모여서 함께 은혜를 나누고, 같은 방향성의 기도를 나누는 것입니다. 부족하기에 함께 기도하는 것입니다. 이것이 바로 중보기도이고, 이런 공동체가 바로 중보기도의 공동체입니다. 이런 공동체들이 서로 연합하여 네트워킹할 때, 하나님의 나라는 더욱 드러나게 될 것입니다.

말씀에
의지하는
기도훈련

기도할 때 사람들이 많이 고민하는 것 중 하나가 이것입니다.

'내가 지금 하는 기도가 하나님께서 원하시는 기도가 맞을까?'

중보기도를 할 때도 마찬가지입니다. 지금 내가 하는 중보기도가 나에게 기도를 요청한 사람들의 개인적인 뜻이나 욕심에 따른 것인지, 아니면 정말 하나님의 뜻인지 알기 어려울 때가 있습니다. 우리의 기도가 하나님의 뜻에 따른 기도라면 정말 행복하고 아름다운 기도가 될 것입니다. 그러나 실제로 그런 기도를 하기가 쉽지 않다는 것을 우리는 늘 경험합니다. 기도하다가 의심이 생길 때도 있습니다. 기도의 응답이 지연되거나 이루어지지 않는다면 내가 드린 기도에 대한 의심은 더욱 깊어집니다.

기준이 분명해야 신뢰할 수 있다

내가 하는 기도가 나도 신뢰할 수 있는 기도, 하나님의 뜻에 합한 기도가 되기 위해서는 기준이 분명해야 합니다. 저는 그 기준이 하나님의 음성이 담긴 '말씀'이라고 생각합니다. 하나님의 기준은 그분의 말씀을 통해서 우리에게 분명하게 드러납니다. 말씀을 문자 그대로 인용해서 기도하라는 것이 아니라, 말씀을 묵상하면서 하나님께서 주시는 마음과 생각, 가치관과 믿음의 내용을 가지고 기도하라는 것입니다.

만일 하나님의 음성 없이 기도한다면, 우리의 기도는 계속 중심을 찾지 못하는 변두리 기도가 될 것입니다. 그러므로 하나님의 말씀을 의지해서 기도하는 훈련을 해야 합니다. 그분께서 우리에게 허락하신 말씀을 가지고 우리의 기도를 늘 점검해야 합니다.

중보기도는 더욱 말씀에 의지해서 드려야 합니다. 설령 나에게 기도를 요청한 사람이 거기에 개인적인 욕심을 담았다 해도, 내가 중보기도를 할 때는 기도의 길을 수정해서 하나님께서 주시는 음성에 따라 기도할 수 있어야 합니다. 그리고 그분의 음성이 나에게, 그리고 기도를 요청한 이에게 다시 들릴 수 있도록 간구하는 것이지요. 그렇기에 하나님의 음성에 민감하게 반응할수록 우리의 기도는 더욱더 깊어질 수 있습니다. 말씀의 기준을 따라 기도할 때, 시간이 조금 더디더라도 분명하신 하나님의 섭리 안에서 우리의 기도가 자라는 것을 경험하게 될 것입니다.

말씀 묵상을 통한 기도훈련

말씀에 의지하는 기도훈련의 기본은 역시 말씀 묵상입니다. 매일의 말씀 묵상 가운데 우리의 중보기도는 자연스럽게 흘러나오게 됩니다. 우리가 의지적으로 기도하는 것이 아니라, 말씀이 우리를 기도로 이끌어주기 때문입니다. 곧 하나님께서 우리에게 기도할 것을 생각나게 하시고, 말씀이 우리가 기도해야만 하는 제목들에 입술을 열게 합니다.

가장 확실한 기도 응답의 비결도 말씀으로부터 주어지는 기도를 하는 것입니다. 수많은 기도 응답의 비결이 있겠지만, 결국 기도 응답의 주체가 하나님이시기에 하나님의 말씀에 근거해 기도할 때 하나님의 뜻이 이루어지는 기도의 응답을 받을 수 있습니다.

매일의 묵상은 하나님께서 원하시는 기도의 길로 우리를 이끌어 줍니다. 그리고 우리가 지금 하고 있는 기도가 하나님께서 원하시는 기도인지, 하나님의 뜻에 합당한 기도인지, 하나님께서 응답하시고자 하는 기도인지 깨닫게 하십니다.

기도를 하면서도 하나님께 무리한 요구를 하며 조르거나, 거래를 하는 이들이 있습니다. 하지만 아무리 사랑하는 자녀라도 조르는 대로 모든 것을 다 주는 것이 반드시 좋지는 않은 것처럼, 하나님도 다 응답하시지 않습니다. 더구나 하나님은 우리와 비즈니스를 하시는 분이 아닙니다. 우리와 사랑의 관계, 세상의 그 무엇도 갈라놓을 수 없는 깊은 영적 교제의 관계를 원하십니다. 기도는 비즈니스를 위한 도구가 아니라 사랑의 관계, 영적인 교제의 통로입니다.

말씀이신 하나님은 이미 말씀을 통해서 우리 전 인생의 기도 응답을 예비하셨습니다. 그것을 묵상하고 발견해나가며 성령께서 허락하시는 확신과 담대함, 용기를 가지고 이 땅에서 하나님의 나라를 세워나가는 것이 올바른 그리스도인의 삶입니다.

중보기도를 할 때 그 제목을 두고 말씀을 묵상하시기 바랍니다. 매일 주어지는 하나님의 말씀이 수많은 기도에 대해 응답하시는 하나님의 음성입니다. 내 생각대로 끼워맞추는 것이 아니라, 하나님께서 주시는 감동과 성경 말씀이 인도하는 대로 기도해보시기 바랍니다. 내 생각과 욕심, 탐심, 이기심이 들어갈 만한 기도의 제목은 의지적으로 더 말씀을 기준으로 삼아 기도하시기 바랍니다. 우리가 균형을 잃어버릴 수 있는 기도의 제목들, 자녀, 물질, 취업이나 배우자에 대한 기도제목들에 대해서는 더욱 내 생각보다 말씀에 기대어 기도해야 합니다. 그래야 하나님께서 주시는 음성이 더욱 분명하게 드러날 것입니다.

더 깊은 기도로

말씀에 의지하는 중보기도를 훈련하기 원하는 분들을 돕고자 12가지 주제에 대해 말씀에 의지하는 중보기도의 기본 틀을 제시해보았습니다. 이 기도를 통해 우리에게 말씀하시는 하나님의 음성을 가지고 더 깊은 중보기도로 들어가시기를 권면합니다.

그렇게 하나님의 음성을 구하고, 그분의 음성에 반응하면서 중보기도의 공동체를 우리의 일상에서 조금씩 세워나간다면, 그리고 그런 기도의 모임들이 서로 네트워크를 형성한다면, 분명 교회가 위기라고 하는 이 시대에도 강력한 성령의 역사와 하나님의 적극적인 개입하심을 경험하는 건강한 중보기도의 공동체가 세워지리라 확신합니다. 단순히 많은 시간 기도하는 것이 중요한 게 아닙니다. 누구와, 어떻게, 왜 기도하는지, 분명한 방향성을 가지고 기도해야 합니다. 중보기도 공동체는 바로 이런 방향성 위에 세워져야 합니다.

지금, 다시, 중보기도를 시작해보시기 바랍니다. 하나님의 놀라운 음성이 저와 여러분의 일상에 펼쳐질 것입니다. 중보기도의 시작에 들어선 여러분을 진심으로 사랑하고 축복합니다.

내 죄를 회개하는 기도

마가복음 1:14,15

요한이 잡힌 후 예수께서 갈릴리에 오셔서 하나님의 복음을 전파하여 이르시되 때가 찼고 하나님의 나라가 가까이 왔으니 회개하고 복음을 믿으라 하시더라

고린도후서 7:10,11

하나님의 뜻대로 하는 근심은 후회할 것이 없는 구원에 이르게 하는 회개를 이루는 것이요 세상 근심은 사망을 이루는 것이니라 보라 하나님의 뜻대로 하게 된 이 근심이 너희로 얼마나 간절하게 하며 얼마나 변증하게 하며 얼마나 분하게 하며 얼마나 두렵게 하며 얼마나 사모하게 하며 얼마나 열심 있게 하며 얼마나 벌하게 하였는가 너희가 그 일에 대하여 일체 너희 자신의 깨끗함을 나타내었느니라

제 연약함을 모두 아시는 하나님,
지금 하나님 앞에서 제 모든 죄악을 고백합니다.

하나님의 나라가 가까이 왔음을 선포하시는 주님의 음성이 들림에도 못 들은 척 살아가는 불쌍한 인생을 긍휼히 여겨주옵소서.

회개하고 복음을 믿으라고 선포하시는 주님,

오늘 제 삶의 한복판에서 여전히 하나님의 나라를 꿈꾸며 믿으라고 요청하시는 주님을 의지합니다. 제 의지가 형식이 되지 않게 하시고, 진실한 믿음의 고백이 되기를 소망합니다.

하나님을 온전히 신뢰하지 못하도록 막고 있는 제 모든 근심과 걱정, 외로움과 두려움, 절망과 낙심, 음란과 탐욕, 이기심과 욕망이 무너지기를 원합니다. 이 모두는 하나님이 원하시는 근심이 아니요, 세상의 근심입니다. 그래서 너무 무겁습니다. 십자가 앞에 이 모든 무거운 짐을 내려놓고 싶습니다. 벗어버리고 싶습니다.

이제는 하나님 앞에서 더욱 진실한 자녀가 되기를 원합니다. 아픔 가운데 있는 자녀에게서 한시라도 눈을 떼지 못하는 부모처럼, 하나님께서는 고난 가운데 있는 우리에게서 절대 눈을 떼지 않으신다는 사실을 기억합니다.

그래서 아무리 힘들고 어려운 고난이 다가온다 할지라도 오직 하나님 앞에서만 울고 싶습니다. 주님 앞에서만 이 모든 무거운 짐을 내려놓고 싶습니다.

주님, 제 손을 붙잡아주십시오.

더럽고 추하고 상처난 못생긴 손, 감추고 싶은 손이지만, 주님에게만 보여드리고 싶습니다. 그리고 위로받고 싶습니다.

주님, 죄로 인해서 하나님의 나라를 잊고 살았던 제 연약함을 용서해주십시오. 이제 이 두 손이 하나님나라의 도구로 쓰임 받길 소망합니다.

깨끗하지 못했던 저를 이제는 깨끗하다고 말씀해주시는 주님. 주님의 그 선포를 의지함으로 이제 당당히 기도할 수 있는 주의 자녀가 되게 하옵소서.

주님, 사랑합니다.

예수님의 이름으로 기도합니다. 아멘.

내 영혼을 위한 중보기도

시편 27:7-9

여호와여 내가 소리 내어 부르짖을 때에 들으시고 또한 나를 긍휼히 여기사 응답하소서 너희는 내 얼굴을 찾으라 하실 때에 내가 마음으로 주께 말하되 여호와여 내가 주의 얼굴을 찾으리이다 하였나이다 주의 얼굴을 내게서 숨기지 마시고 주의 종을 노하여 버리지 마소서 주는 나의 도움이 되셨나이다 나의 구원의 하나님이시여 나를 버리지 마시고 떠나지 마소서

시편 25:20

내 영혼을 지켜 나를 구원하소서 내가 주께 피하오니 수치를 당하지 않게 하소서

시편 62:5-7

나의 영혼아 잠잠히 하나님만 바라라 무릇 나의 소망이 그로부터 나오는도다 오직 그만이 나의 반석이시요 나의 구원이시요 나의 요새이시니 내가 흔들리지 아니하리로다 나의 구원과 영광이 하나님께 있음이여 내 힘의 반석과 피난처도 하나님께 있도다

제 영혼에 지금도 집중하시는 창조주 하나님,

가장 부질없는 입술이지만 하나님을 찬양합니다.

감히 하나님 앞에 설 수 없는 존재이지만, 그러나 하나님께서 저를 창조하셨기에 그 모든 부끄러움을 뒤로 하고 이 시간 하나님 앞에 고개를 숙입니다.

태초에 하나님께서 창조하사 거룩한 생기를 불어넣으셨을 때부터 제 영혼은 이미 주를 바라볼 수밖에 없었습니다. 세상의 수많은 풍파와 유혹, 힘과 권세들이 저를 좌우로 흔들어 하나님으로부터 멀리 떨어뜨리려 했을 때도, 제 영혼은 오직 주님을 바라보길 소망했습니다.

주님, 제 영혼을 긍휼히 여겨주시옵소서.

처음 하나님께서 창조하신 그 모습을 기억하여주시고, 제 영혼을 다시 회복시켜주옵소서. 어떠한 수치를 당하여도 제 영혼을 주님이 지키고 계심을 고백합니다. 제 영혼을 위해서 제가 할 수 있는 것은, 오직 지금도 살아 계신 하나님을 찾고, 구하고, 의지하는 것밖에 없습니다.

주님, 간절히 기도합니다.

제 영혼을 다시 한번 기억하시고 지켜주옵소서. 제 모든 구원과 영광은 오직 하나님께만 있으며, 오직 하나님의 날개 아래 거할 때만 의미가 있습니다.

제 시선이 오직 주님께만 고정되게 하옵소서. 제 영혼의 갈급함은 오직 주께서 만져주실 때만 해갈될 수 있음을 고백합니다. 주님의 놀라운 만지심이 이 시간 불쌍한 제 영혼을 긍휼히 여기사 평안하게 하시며, 하나님의 품에 거하게 하옵소서.

제 영혼이 오직 주님을 찬양합니다.

오직 주께만 소망이 있습니다.

그것이 제 고백이요, 제 간절한 기도입니다.

예수님의 이름으로 기도합니다. 아멘.

부모를 위한 중보기도

출애굽기 20:12

네 부모를 공경하라 그리하면 네 하나님 여호와가 네게 준 땅에서 네 생명이 길리라

잠언 23:22-25

너를 낳은 아비에게 청종하고 네 늙은 어미를 경히 여기지 말지니라 진리를 사되 팔지는 말며 지혜와 훈계와 명철도 그리할지니라 의인의 아비는 크게 즐거울 것이요 지혜로운 자식을 낳은 자는 그로 말미암아 즐거울 것이니라 네 부모를 즐겁게 하며 너를 낳은 어미를 기쁘게 하라

우리의 참부모가 되시는 하나님,
저의 육신의 부모님을 생각하여 주님께 기도드립니다.
자식을 위해 늘 '희생'이라는 단어를 가슴에 품고 살아오신 부모님,
부모라는 이름으로 세상의 고초를 감내하며 자식을 키우신 우리의
부모님을 주께서 기억하여주옵소서.

부모님의 사랑으로 하나님의 사랑을 감히 조금이나마 짐작해봅니다. 하나님은 우리를 위해서 모든 것을 내어주셨습니다. 주님이 십자가의 그 엄청난 고통을 감당하실 수 있으셨던 오직 한 가지 이유, 예수 그리스도의 절규를 들으시면서도 아무것도 하지 못하셨던 한 가지 이유가 바로 자녀 된 우리를 구원하시기 위함이라는 사실을 기억합니다.

우리의 참부모가 되시는 하나님을 의지함으로 이 시간 다시 한번 간절히 기도합니다. 이 땅의 육신의 부모로 보내주신 사랑하는 아버지, 어머니에게 복을 주옵소서. 이 땅에서 베푸신 부모님의 사랑에 존경과 사랑으로 화답하며 그 마음을 채우게 하옵소서.

지금 우리 부모님의 믿음이 부족하다면, 하나님께서 우리의 간절한 기도를 들으시고 믿음의 더하여주옵소서.

혹 우리의 마음에 부모님에 대한 원망과 상처가 남아 있다면, 성령의 손으로 우리를 어루만지사 부모님을 향한 우리의 마음과 시선이 바뀌게 하여주옵소서. 하나님께서 개입하셔서 긍휼을 베풀어주옵소서.

아직 하나님을 모르고, 놀라운 복음의 가치를 경험하지 못한 우리의 부모님이 있다면, 하나님께서 바울을 만나주신 것처럼, 예수께서 제자들에게 먼저 찾아오셔서 손을 내밀어주신 것처럼, 우리 부모님에게도 찾아와주시옵소서.

성령님, 친히 역사하시어 부모님의 삶의 순간순간을 지켜주시고, 주님을 만나는 그날까지 믿음의 여정에서 승리하게 하옵소서.

우리의 삶을 하나님께 맡긴 우리 부모님의 믿음을 귀하게 여겨주시고, 우리가 부모님의 기쁨이 될 수 있도록 인도하여주옵소서.

부모님이 우리를 참부모이신 하나님께 맡기셨듯, 이제는 우리가 부모님의 삶을 하나님께 맡깁니다.

주께서 친히 역사하시어 이 땅에서의 삶이 좌우로 흔들리지 않고 온전히 주만 바라보게 하여주옵소서.

예수님의 이름으로 기도합니다. 아멘.

나라와 민족을 위한 중보기도

요한계시록 7:15-17

그러므로 그들이 하나님의 보좌 앞에 있고 또 그의 성전에서 밤낮 하나님을 섬기매 보좌에 앉으신 이가 그들 위에 장막을 치시리니 그들이 다시는 주리지도 아니하며 목마르지도 아니하고 해나 아무 뜨거운 기운에 상하지도 아니하리니 이는 보좌 가운데에 계신 어린 양이 그들의 목자가 되사 생명수 샘으로 인도하시고 하나님께서 그들의 눈에서 모든 눈물을 씻어주실 것임이라

이사야서 11:6-9

그때에 이리가 어린 양과 함께 살며 표범이 어린 염소와 함께 누우며 송아지와 어린 사자와 살진 짐승이 함께 있어 어린아이에게 끌리며 암소와 곰이 함께 먹으며 그것들의 새끼가 함께 엎드리며 사자가 소처럼 풀을 먹을 것이며 젖 먹는 아이가 독사의 구멍에서 장난하며 젖 뗀 어린아이가 독사의 굴에 손을 넣을 것이라 내 거룩한 산 모든 곳에서 해 됨도 없고 상함도 없을 것이니 이는 물이 바다를 덮음같이 여호와를 아는 지식이 세상에 충만할 것임이니라

이 나라와 민족을 사랑하시는 하나님,

주님의 비전이 오늘 이곳에 다시금 선포되기를 원합니다.

하나님께서 사랑하시는 이 나라, 이 민족을 기억해주시고, 하나님나라의 비전이 실제가 되게 하옵소서.

비록 이 땅에 하나님을 대적하는 죄악이 넘쳐나고, 이 민족이 패역한 세대가 되어버렸다 할지라도, 여전히 하나님을 사랑하고 경외하는 의인 열 명, 의인 다섯이 남아 있는 줄 믿습니다. 그들로 인하여 주님의 은혜를 남겨주옵소서. 이 나라를 향한 하나님의 비전이 처음 뜻하신 대로 이루어지기를 원합니다.

보좌에 앉으신 하나님의 어린양 예수 그리스도!

우리의 참 목자가 되시는 주님이 우리의 모든 죄악을 용서하시고, 모든 눈물을 씻어주시며, 구원의 강물이 모든 나라와 민족으로 흘러가게 하옵소서.

눈을 감고 조용히 하나님께서 꿈꾸시는 나라를 그려봅니다. 이사야 선지자에게 보여준 그 평화의 나라를 소망해봅니다. 이리가 어린 양과 뛰어노는 곳, 젖 먹는 아이가 독사의 구멍에 손을 넣고 장난쳐도 아무 해를 당하지 않는 곳, 비록 그런 곳이 이 땅에서 이루어질 수 없다 해도 꿈꾸어봅니다.

그런 하나님나라의 가치관이 이 땅에도 실현되기 원합니다. 사자와 어린 양이 함께 뛰어놀지는 못해도, 힘을 가진 자와 가지지 못한 자가 서로 상생의 관계가 될 수 있는 나라를 소망해봅니다. 어린아이가 독사의 구멍에서 장난을 쳐도 해를 당하지 않는 그런 나라는 불가능하겠지만, 연약한 자들, 굶어 죽어가는 이들, 억울함을 호소하며 살아가는 이들에게 하나님의 사랑을 전하며 살아갈 수 있는 나라가 되길 기도해봅니다.

주님, 이 땅을 하나님의 말씀이 세워지는 나라, 평화의 나라가 되게 하옵소서. 그것이 하나님의 비전임을 기억합니다. 보좌에 앉으신 어린양의 놀라운 은혜가 물이 바다를 덮음같이 이 나라와 민족에게 전해지게 하옵소서.

다시 한번 간절히 기도합니다.

주여, 긍휼을 베풀어주옵소서.

예수님의 이름으로 기도합니다. 아멘.

이 땅의 교회를 위한 중보기도

베드로전서 2:9,10

그러나 너희는 택하신 족속이요 왕 같은 제사장들이요 거룩한 나라요 그의 소유가 된 백성이니 이는 너희를 어두운 데서 불러 내어 그의 기이한 빛에 들어가게 하신 이의 아름다운 덕을 선포하게 하려 하심이라 너희가 전에는 백성이 아니더니 이제는 하나님의 백성이요 전에는 긍휼을 얻지 못하였더니 이제는 긍휼을 얻은 자니라

요한계시록 3:22

귀 있는 자는 성령이 교회들에게 하시는 말씀을 들을지어다

모든 교회의 머리가 되시는 주님,
이 시간 모든 교회를 위해 간절히 기도합니다.
하나님나라의 모형이 되라고 세우신 교회가 정체성을 잃어버렸습니다. 주님, 어떻게 해야 할까요? 과연 이 땅의 교회를 향한 주님의 계획하심은 무엇입니까?

주님은 두세 사람이 모인 곳에 함께하겠다고 하셨습니다. 주님이 함께하시는 그곳이 교회가 되리라 하셨습니다. 그러나 오늘 수백, 수천, 수만 명이 모여도 거기에 주님이 계시지 않다면 과연 우리는 어떻게 해야 합니까?

교회로 모였지만 예수가 없는 교회, 믿음의 공동체로 모였는데 구원의 감격과 부활의 능력을 상실해버린 교회, 예수의 제자로 모였는데 십자가의 은혜를 경험하지 못하는 교회.

주여, 과연 이곳에 소망이 있습니까?

주님은 교회를 택하신 족속이요, 왕 같은 제사장이라고 하셨습니다. 거룩한 나라라고 하셨습니다. 주님의 말씀입니다. 그 말씀에 의지해서 이 시간 다시 한번 이 땅의 교회를 위해 기도합니다.

성령님, 지금 말씀하여주옵소서. 귀 있는 자들이 듣도록 말씀하여주옵소서.

교회에 남아 있는 세상의 썩은 뿌리들은 이제 사라지게 하시고, 예수의 이름으로 자신의 사리사욕을 채우는 이들은 저 밖에서 슬피 울며 자신의 죄를 깨닫게 하옵소서.

교회를 교회 되게 하여 주옵소서. 십자가의 복음을 복음 되게 하여 주옵소서. 본질을 잃어버린 채 보이는 것에만 목숨을 건 허울뿐인 교회는 이제 무너지게 하옵소서.

세상이 교회를 조롱하다 못해 걱정하는 수준에 이르렀습니다. 사랑하는 자녀들이 이제는 깨닫게 하여주옵소서. 세상의 좋은 것, 값진 것, 그럴싸한 것에 취해 있는 교회와 목회자들에게 주님의 엄중한 음성을 하락하옵소서.

"내가 네 행위를 아노니 네가 차지도 아니하고 뜨겁지도 아니하도다 네가 차든지 뜨겁든지 하기를 원하노라 네가 이같이 미지근하여 뜨겁지도 아니하고 차지도 아니하니 내 입에서 너를 토하여 버리리라"(계 3:15,16).

주께서 우리를 모른다 말씀하시는 것보다 더 무서운 것이 어디 있겠습니까? 주님, 이 시간 그 마음에 찔림이 있는 이들의 회개하는 기도를 들어주시고, 여전히 굳은 화석과 같은 마음을 가진 자들에게는 회개의 영을 베풀어주옵소서.

교회를 세워주소서.

하나님나라가 교회를 통해서 경험되게 하옵소서.

하나님의 백성이 누리는 복, 세상에서 얻는 천박한 복이 아닌, 하나님나라에서만 경험할 수 있는 놀라운 복을 허락해주옵소서.

간절히 이 땅의 교회들을 위해서 기도합니다.

주여, 교회를 살려주소서.

예수님의 이름으로 기도합니다. 아멘.

환우들을 위한 중보기도

요한복음 5:8,9a

예수께서 이르시되 일어나 네 자리를 들고 걸어가라 하시니 그 사람이 곧 나아서 자리를 들고 걸어가니라

마태복음 9:22

예수께서 돌이켜 그를 보시며 이르시되 딸아 안심하라 네 믿음이 너를 구원하였다 하시니 여자가 그 즉시 구원을 받으니라

야고보서 5:15,16

믿음의 기도는 병든 자를 구원하리니 주께서 그를 일으키시리라 혹시 죄를 범하였을지라도 사하심을 받으리라 그러므로 너희 죄를 서로 고백하며 병이 낫기를 위하여 서로 기도하라 의인의 간구는 역사하는 힘이 큼이니라

여호와 라파, 치유하시는 하나님,

이 세상이 아무리 기적을 부인한다고 해도 우리는 매 순간을 기적

속에서 살아가고 있는 존재라는 사실을 고백합니다. 밤에 눈을 감았다가 아침에 다시 눈을 뜰 수 있는 것, 아침에 회사에 출근했다가 저녁에 집에 돌아올 수 있는 것, 사랑하는 가족과 한 식탁에서 밥을 먹을 수 있는 것, 목숨보다 귀한 자녀가 자라나는 것을 눈으로 볼 수 있는 것, 평범하기가 가장 어렵다는 이 시대에 우리가 일상을 감당하며 살아갈 수 있음이 모두 기적임을 고백합니다.

그러나 우리에게는 조금 더 특별한 기적이 필요합니다. 창조주 되시는 하나님께서 질병으로 고통받는 자녀들을 회복시켜주시길 기도합니다. 세상은 기적이라고 말하지만, 창조주 하나님께는 창조하신 형상으로의 회복이오니, 오직 주님만이 하실 수 있는 일들을 보여주옵소서.

하나님의 능력이 이 시간 선포되기를 원합니다. 믿음을 구하신다면, 오직 하나님만 의지함으로 선포합니다. 주님, 지금 일하여주옵소서. 주님만이 하실 수 있는 일들을 보여주옵소서. "지금 일어나 걸으라"라는 요청을 원합니다. "네 믿음이 너를 구원했다"라는 음성을 듣고 싶습니다.

이 시간, 혹 우리의 마음 가운데서 여전히 하나님에 대한 불신과 원망의 마음이 있다면 내려놓게 하시고, 교만하고 믿음 위에 바로 서지 못했던 우리의 연약함을 회개하오니 용서하옵소서. 우리의 연약함이 이제는 하나님께서 우리와 함께하시는 동행의 이유가 되게 하시고, 우리에게 오늘 베푸실 기적의 이유가 되게 하옵소서.

서로 기도하라고 하셨으니, 순종의 몸부림으로 기도합니다. 의인의 간구에 역사하는 힘이 크다고 하셨으니, 이제 우리가 함께 기도합니다. 이 시간 예수 그리스도의 이름을 의지하여 간절히 기도하며 선포합니다.

"더러운 사탄의 권세는 떠나갈지어다! 육신의 고통과 어두움의 근원은 지금 떠나갈지어다! 근심과 걱정, 두려움과 외로움, 불안함과 초조함으로 우리의 영혼을 괴롭히는 어둠의 권세는 무너질지어다!"

특별히 육신의 질병으로 고통 가운데 있는 이들을 위해 이 시간 한 번 더 기도합니다. 예수님의 치유의 은혜를 지금 이 시간 허락하시고, 주님의 손으로 그들의 환부를 만져주옵소서. 깨끗하게 하옵소서.

육신의 질병으로 고통당하는 자들을 주의 음성으로 위로하시고, 마음의 아픔과 상처로 힘들어하는 영혼들과 함께하여주옵소서. 육신의 고통과 마음의 질병이 하나님을 향한 우리의 사랑에 장애가 되지 않게 하시고, 십자가의 은혜만을 기억하며 우리의 모든 아픔을 주님 앞에 내려놓는 주의 자녀가 되길 소망합니다.

주님, 우리를 긍휼히 여겨주옵소서.

예수님의 이름으로 기도합니다. 아멘.

다음세대를 위한 중보기도

누가복음 7:32

비유하건대 아이들이 장터에 앉아 서로 불러 이르되 우리가 너희를 향하여 피리를 불어도 너희가 춤추지 않고 우리가 곡하여도 너희가 울지 아니하였 다 함과 같도다

마가복음 10:14-16

예수께서 보시고 노하시어 이르시되 어린아이들이 내게 오는 것을 용납하 고 금하지 말라 하나님의 나라가 이런 자의 것이니라 내가 진실로 너희에게 이르노니 누구든지 하나님의 나라를 어린아이와 같이 받들지 않는 자는 결 단코 그 곳에 들어가지 못하리라 하시고 그 어린아이들을 안고 그들 위에 안수하시고 축복하시니라

누구보다 주의 자녀를 사랑하시는 하나님,
이 시간 우리의 자녀들, 다음세대를 위해서 기도합니다.
하나님의 자녀들을 기억하여주옵소서. 하나님이 아니면 이 세상의

수많은 유혹과 미혹 가운데서 헤어나올 수가 없습니다. 세상은 우리의 자녀들을 우는 사자와 같이 잡아먹으려 으르렁거리고 있습니다. 당장이라도 잡아먹힐 것 같은 위험 속에서 우리의 자녀들이 살아가고 있습니다.

어디서부터 잘못되었는지 모르겠습니다. 어디서부터 바로잡아야 할지 모르겠습니다. 다만 한 가지 확실한 것은 하나님께서 우리의 자녀들을 지켜주시고, 깨닫게 해주셔야 한다는 사실입니다.

하나님을 외면하는 다음세대가 되지 않기를 소망합니다. 다음세대가 하나님을 버렸기에 다른 세대가 된 것이 아니라, 이미 다른 세대인 것을 인지하지 못하고 있다는 것을 지금의 기성세대가 깨닫기 원합니다.

이미 다른 다음세대들이 어떻게 하면 하나님을 삶의 주인으로 모시고 살 수 있을지를 고민하고 깨닫게 하옵소서. 부모의 방법으로 예수를 믿고, 기성세대의 사고방식으로 믿음을 가지는 것이 아니라, 우리 다음세대들의 삶의 자리에 하나님께서 깊숙이 들어와 주심으로 그들이 도저히 하나님을 부인할 수 없게 하옵소서.

먼저는 다음세대를 위해서 우리가 하나님 앞에 올바로 서기 원합니다. 우리 자녀들을 참부모이신 하나님께 내어 맡기고 세상의 기준과 가치관이 아닌, 하나님나라의 기준과 가치관으로 자녀들을 잘 양육하게 하옵소서. 그런 지혜를 허락해주시고, 자녀들에게 가르치게 하시며, 먼저 삶으로 그렇게 살도록 우리를 붙잡아주옵소서.

주여, 간절히 기도합니다.

메말라버린 다음세대의 심령을 주님이 만져주옵소서. 피리를 불어도 춤추지 못하고, 곡하여도 울지 않는 강팍한 심령, 메마른 심령을 주님이 만져주시길 간구합니다.

공부에 얽매이기보다 말씀으로 이 세상을 살아가는 기준을 세우게 하시고, 친구들과 즐겁게 노는 시간을 찾기보다 하나님과의 교제를 조금씩 더 늘려가며 하나님과의 만남이 얼마나 행복한지를 경험하게 하여주옵소서. 세상의 문화에 물들기보다 하나님나라의 가치관에 먼저 시선을 돌리게 해주시옵소서.

우리의 다음세대들이 주님 품에 안기는 복을 받게 하옵소서.

우리를 통해 다음세대들에게 하나님나라의 꿈과 소망이 전해지게 하시며, 다음세대를 위한 주님의 도구로 우리를 사용하여주옵소서.

주님, 감사합니다.

예수님의 이름으로 기도합니다. 아멘.

이 시대의 청년들을 위한 중보기도

시편 110:3

주의 권능의 날에 주의 백성이 거룩한 옷을 입고 즐거이 헌신하니 새벽이슬 같은 주의 청년들이 주께 나오는도다

전도서 12:1a

너는 청년의 때에 너의 창조주를 기억하라

디모데후서 2:22

또한 너는 청년의 정욕을 피하고 주를 깨끗한 마음으로 부르는 자들과 함께 의와 믿음과 사랑과 화평을 따르라

마태복음 22:37-39

예수께서 이르시되 네 마음을 다하고 목숨을 다하고 뜻을 다하여 주 너의 하나님을 사랑하라 하셨으니 이것이 크고 첫째 되는 계명이요 둘째도 그와 같으니 네 이웃을 네 자신같이 사랑하라 하셨으니

누구보다 청년의 때를 사랑하시는 주님,

청년들을 기억하여주옵소서.

청년들은 그 어느 세대보다 연약한 자들입니다. 어느 시대에든지 청년들은 늘 위험과 초조함, 불안정한 시간을 보냈습니다. 무엇을 해야 하는지, 어떻게 살아가야 하는지 고민하기 바쁘고, 생각해야 할 것도, 해야 할 것도 많을 때가 바로 청년의 때입니다.

하나님을 조금 더 사랑하고 싶은데, 세상이 청년들을 가만두지 않습니다. 세상의 수많은 어둠의 그림자들은 오늘도 발버둥치는 청년들을 유혹하고 있습니다.

하나님 앞에 나아오는 수많은 청년, 너무도 맑고 밝은 새벽이슬 같은 청년들을 기억합니다. 그러나 해가 떠오르면 이슬이 소리 없이 사라지듯 우리 청년들이 시간이 지날수록 세상의 무게에 짓눌려 청년의 순수함과 밝은 모습을 잃어가고 있습니다.

주여, 이 땅의 귀한 청년들을 살려주옵소서.

청년의 때에 창조주 하나님을 기억하고, 만나고, 경험하게 하옵소서. 세상의 모든 정욕으로부터 보호하시고, 믿음의 크기가 세상의 정욕에 대한 크기보다 크도록 성령께서 붙잡아주옵소서.

청년의 때에 하나님나라의 가치관이 그들의 삶에 올바로 세워지길 소망합니다. 하나님께서 통치하시는 나라, 하나님께서 주인되어주시는 나라의 백성으로 살아가게 하옵소서.

그리하여 마음을 다하고, 목숨을 다하고, 뜻을 다하여 위로는 하나님을 사랑하고, 옆으로는 이웃을 사랑하며 살아갈 수 있도록 인도하옵소서. 세상의 청년 문화와 삶을 넘어 성실하신 하나님과 동행하는 이 시대의 청년 그리스도인이 되게 하옵소서.

많은 문제를 안고 살아가는 이 시대의 청년들을 긍휼히 여겨주옵소서.

학업의 문제, 관계의 문제, 취업의 문제, 결혼의 문제, 연애의 문제 등, 이들이 안고 살아가는 많은 문제를 이제는 하나님 앞에 솔직히 내려놓고, 서로 기도하는 중보기도의 공동체로 불러주옵소서.

혼자서는 살아갈 수 없기에 믿음의 지체들을 묶어주시고, 내가 할 수 없는 많은 일이 있기에 서로 협력하며 살아갈 수 있는 공동체를 경험하게 하옵소서.

청년, 그 이름처럼 늘 푸르름 가운데서 주를 바라보며 살아가는 이 시대의 자녀들 되게 하옵소서.

하나님, 끝까지 청년들을 지켜주옵소서.

주님 만나는 날까지 청년으로서 이 땅에서 살아가게 하옵소서.

주님, 감사합니다.

예수님의 이름으로 기도합니다. 아멘.

고난을 당한 이들을 위한 중보기도

고린도전서 10:13

사람이 감당할 시험 밖에는 너희가 당한 것이 없나니 오직 하나님은 미쁘사 너희가 감당하지 못할 시험 당함을 허락하지 아니하시고 시험 당할 즈음에 또한 피할 길을 내사 너희로 능히 감당하게 하시느니라

이사야서 41:17

가련하고 가난한 자가 물을 구하되 물이 없어서 갈증으로 그들의 혀가 마를 때에 나 여호와가 그들에게 응답하겠고 나 이스라엘의 하나님이 그들을 버리지 아니할 것이라

이사야서 41:10

두려워하지 말라 내가 너와 함께 함이라 놀라지 말라 나는 네 하나님이 됨이라 내가 너를 굳세게 하리라 참으로 너를 도와주리라 참으로 나의 의로운 오른손으로 너를 붙들리라

고난 가운데 신음하는 소리를 들으시는 하나님,

갑자기 당한 환난 속에서 헤매는 이들을 위해서 기도합니다.

죽고 싶을 정도로 힘들고 지쳐 있는 영혼들을, 주여 어떻게 하시겠습니까? 하나님이 아니시면 아무것도 할 수 없는데, 어떻게 해야 이 고난의 수렁에서 빠져나올 수 있겠습니까? 하나님이 역사해주시길 구합니다.

먼저, 그들의 믿음이 고난으로 인해 흔들리거나 하나님에 대한 신뢰가 깨어지지 않기를 소망합니다. 모든 고난과 어려움은 주님의 십자가 승리 앞에서 아무 문제가 될 수 없음을 선포합니다. 이미 주님이 사망 권세를 이기셨듯이, 모든 고난과 어려움도 이길 줄 믿습니다.

하나님, 고난의 현장 속에서 피할 길을 허락해주옵소서.

세상의 방법도, 우리의 지식도 아닙니다. 오로지 하나님께서 열어주시는 길이어야 합니다. 우리가 피할 수 있는 길을 열어주시고, 무엇이 하나님의 방법과 뜻인지를 분별할 수 있도록 인도하여주옵소서.

주님은 분명 이사야 선지자를 통해서 말씀하셨습니다. 물이 없어 죽을 것 같은 이들에게 주님이 먼저 만나주시고 응답하신다고 했습니다. 버리지 않을 것이라고 약속하셨습니다. 그 약속을 신뢰함으로 오로지 하나님만 바라보며 우리의 시선을 고정하게 하옵소서. 좌우의 어려움과 고난에 집중하기보다, 저 멀리 앞에서 두 팔 벌리고 계시는 주님을 의지하고 집중하게 하옵소서.

그래서 주님은 두려워하지 말라고 하십니다. 놀라지 말라고 하십니다. 당연합니다. 주님이 우리와 함께하시는데, 어떻게 우리가 두려워하며 떨 수 있겠습니까?

다만 우리가 주님만 바라보게 하옵소서.

주님만 의지하게 하옵소서.

하나님께서 우리를 굳세게 하실 것을 믿기에, 주님의 의로운 오른손을 붙잡습니다. 주여, 끝까지 이 손을 놓지 말아 주옵소서. 그 손으로 힘을 주어 일어나게 하시고, 버티고 견디게 하옵소서. 그리고 기도하는 이들과 함께 능히 감당하게 하시고, 영적인 능력과 힘을 경험하고 공급받게 하옵소서.

고난의 한복판에서도 우리와 함께 계시는 주님,

그래서 주님만 더욱 의지합니다.

임마누엘, 하나님이 우리와 함께하십니다!

어느 곳에 있든지, 무엇을 하든지.

주님, 사랑합니다.

예수님의 이름으로 기도합니다. 아멘.

전도하는 이들을 위한 중보기도

고린도전서 2:1-5

형제들아 내가 너희에게 나아가 하나님의 증거를 전할 때에 말과 지혜의 아름다운 것으로 아니하였나니 내가 너희 중에서 예수 그리스도와 그가 십자가에 못 박히신 것 외에는 아무것도 알지 아니하기로 작정하였음이라 내가 너희 가운데 거할 때에 약하고 두려워하고 심히 떨었노라 내 말과 내 전도함이 설득력 있는 지혜의 말로 하지 아니하고 다만 성령의 나타나심과 능력으로 하여 너희 믿음이 사람의 지혜에 있지 아니하고 다만 하나님의 능력에 있게 하려 하였노라

로마서 5:8,11

우리가 아직 죄인 되었을 때에 그리스도께서 우리를 위하여 죽으심으로 하나님께서 우리에 대한 자기의 사랑을 확증하셨느니라 그뿐 아니라 이제 우리로 화목하게 하신 우리 주 예수 그리스도로 말미암아 하나님 안에서 또한 즐거워하느니라

우리의 입술의 고백을 원하시는 하나님,

시간의 역사 가운데서 먼저 우리에게 찾아와주신 주님을 찬양합니다.

예수를 알게 하시고, 우리에게 먼저 주님의 사랑을 경험케 하시고, 믿음을 고백하게 하셨으니, 그것만으로도 은혜임을 고백합니다.

우리에게 먼저 복음이 되라고 말씀하시는 주님의 음성에 귀를 기울입니다.

예수 그리스도께서 우리에게 베푸신 십자가 사건은 하나님과 완전한 화해의 사건입니다. 죄로 인해서 죽을 수밖에 없던 우리는 하나님과 완전히 단절되어 있던 인생이었습니다.

하나님 없이도 살 수 있을 것이란 착각은 결국 우리의 연약함과 이기심이었습니다. 그것은 완벽한 우리의 교만이었습니다. 복음을 전하는 것은 무언가를 그럴싸하게 베푸는 것이 아니라, 철저한 자기부인과 내려놓음으로부터 시작된다는 것을 기억합니다.

제 지식과 학벌, 어떤 설득력이 있는 언변으로 복음을 전하는 것이 아니라, 주를 만나고, 느끼고, 경험했던 복음과 은혜를 나누게 하옵소서. 주님을 알지 못하던 때에도 주님은 우리에게 집중하고 계셨고, 기다려주셨으며, 하나님의 사랑에 속하게 하셨습니다.

주님, 이제 용기를 내어 이 사랑의 주인이 되시는 하나님을 전하는 자녀들을 위해서 중보하고자 합니다. 우리의 모습이 혹 주님의 영광을 가렸다면 용서하시고, 전하는 말과 행동에 하나님의 사랑만을 담게 하옵소서.

비록 부족한 입술이 전하지만, 성령께서 직접 개입하시고 일하여주옵소서. 마음과 생각의 문이 열리게 하시고, 가치관과 사고의 기준이 세상이 아닌 하나님의 나라로 변화되는 복음의 기적을 허락하여 주옵소서.

하나님의 능력을 의지함으로 복음을 전할 때, 그 복음의 씨앗이 심기고, 말씀과 기도로 잘 자라서, 구원의 열매를 맛보게 하옵소서.

이 놀라운 복음 전도에 우리를 사용하심에 감사드립니다. 복음을 전하는 이나 듣는 이나 함께 기도하는 이나 모두에게 동일한 하나님의 사랑과 은혜를 경험하게 하시고 고백하게 하옵소서.

주님, 사랑합니다.

예수님의 이름으로 기도합니다. 아멘.

선교사를 위한 중보기도

요한1서 3:18

자녀들아 우리가 말과 혀로만 사랑하지 말고 행함과 진실함으로 하자

마태복음 28:19,20

그러므로 너희는 가서 모든 민족을 제자로 삼아 아버지와 아들과 성령의 이름으로 세례를 베풀고 내가 너희에게 분부한 모든 것을 가르쳐 지키게 하라 볼지어다 내가 세상 끝날까지 너희와 항상 함께 있으리라 하시니라

열방의 주인이신 하나님,

세계 각국의 선교지와 선교사님들을 위해서 기도합니다.

영적 전쟁의 가장 한복판에서 목숨을 걸고 복음을 전하는 선교사님들을 주님이 기억하시고 동행하여주옵소서. 주님이 권세를 주시고 가서 제자를 삼고, 아버지와 아들과 성령의 이름으로 세례를 베풀고, 주님이 분부하신 그 모든 것을 가르치고 지키게 하라고 명령하셨습니다. 그리고 그 위대한 명령에 순종하여 열방으로 나간 선교사

님들을 위해서 기도합니다.

지치고 힘들고 쓰러질 것 같은 위기의 순간 가운데서 주님은 늘 기적처럼 선교사님들의 삶에 개입해주셨습니다. 삶에 하나님의 일하심으로 채우게 하셨고, 말에는 하나님의 능력을 담게 하셨습니다. 그래서 더 간절히 중보합니다. 선교사님들의 열정과 열심이 하나님의 이름을 가리지 않게 하시고, 하나님나라의 확장에 장애가 되지 않도록 하여주옵소서. 말로만 복음을 전하고 선교를 하는 것이 아니라, 행함과 진실함으로 하나님의 나라가 확장되게 하옵소서.

주님이 끝 날까지 함께하신다고 약속하셨사오니, 오로지 주님만 선교지의 모든 사역과 선교사님들을 책임지실 수 있습니다. 선교사님들의 땀과 노력을 기억하시고, 하나님의 일을 감당할 수 있도록 건강과 마음과 생각을 붙잡아주시고, 가족을 지켜주옵소서.

특별히 선교사님들의 자녀들을 지켜주시고 책임져주옵소서. 작은 선교사로서 그 인생 가운데 개입하시는 하나님을 먼저 경험하고, 그들의 인생이 열방을 향해서 쓰임 받게 하옵소서.

문화도 다르고, 삶의 방식도 다른 상황 가운데서 복음을 전해야 하는 선교사님의 가정을 평안으로 인도하시고, 모든 위험과 어려움으로부터 보호하시고, 눈동자와 같이 지켜주옵소서.

선교사님의 가정을 위해서 늘 기도하는 이들이 있다는 사실을 기억하게 하시고 위로를 주옵소서. 건강한 물질의 후원이 끊어지지 않게 하옵소서. 물질의 궁핍함으로 선교를 포기하는 일이 생기지 않도록 하나님께서 모든 재정의 통로를 열어주옵소서.

무엇보다 선교사님들의 영성을 주님이 감찰하여주옵소서. 살아 계신 하나님의 영이 선교사님들을 떠나지 않게 하시고, 수많은 영적 전쟁 가운데서도 끝까지 이기게 하여주옵소서. 어려움이 닥칠 때마다 하나님께서 또 일하시리라는 기대감을 가지게 하시고, 세상의 방법이 아니라 하나님 앞에 먼저 무릎으로 기도하게 하옵소서.

하나님, 한국교회가 선교사를 많이 보내는 것을 더는 자랑삼지 않게 하시고, 아직도 선교를 감당할 수 있음에 겸손함으로 감사하게 하옵소서. 우리가 무엇을 해야 하는지 알게 하시고, 선교에 대한 하나님의 비전을 계속해서 가질 수 있도록 허락하옵소서.

선교사님들이 주의 복음을 위해서 목숨을 걸고 복음을 전할 때, 하나님께서 그들의 목숨을 지켜주옵소서. 세계적으로 계속해서 복음의 확장을 방해하는 요소들이 생겨나고 있습니다. 복음의 전초기지에서 최선을 다하고 있는 선교사님들을 끝까지 지켜주옵소서.

선교의 또 다른 표현은 바로 '주를 위해서'입니다. 선교사로 사는 인생은 모두 주를 위해서 사는 삶이오니, 모든 것 다 주님이 책임져 주옵소서. 그리고 우리 또한 그렇게 주를 위해서 사는 일상의 선교사로 세워주옵소서.

예수님의 이름으로 기도합니다. 아멘.

하나님나라를 소망하는 이들을 위한 중보기도

마가복음 12:29-31

예수께서 대답하시되 첫째는 이것이니 이스라엘아 들으라 주 곧 우리 하나님은 유일한 주시라 네 마음을 다하고 목숨을 다하고 뜻을 다하고 힘을 다하여 주 너의 하나님을 사랑하라 하신 것이요 둘째는 이것이니 네 이웃을 네 자신과 같이 사랑하라 하신 것이라 이보다 더 큰 계명이 없느니라

누가복음 9:23,24

또 무리에게 이르시되 아무든지 나를 따라오려거든 자기를 부인하고 날마다 제 십자가를 지고 나를 따를 것이니라 누구든지 제 목숨을 구원하고자 하면 잃을 것이요 누구든지 나를 위하여 제 목숨을 잃으면 구원하리라

온 땅의 주인 되신 하나님,
주님은 진정 모든 것의 창조주이시며, 모든 것 위에 계신 분이십니다.
하나님께서 통치하시는 곳이 하나님의 나라임을 다시금 고백합니

다. 그곳이 어디든 왕이신 하나님께서 주인 되어 주옵소서. 우리의 인생이 그렇게 하나님께만 속하기를 원합니다.

우리가 살아가는 일상이 하나님의 나라가 될 수만 있다면 얼마나 행복할까요? 우리는 그렇게 하나님의 나라를 소망하는 자들입니다. 주님이 가르쳐주신 하나님나라의 가치관인 '하나님 사랑, 이웃 사랑'을 늘 마음에 새기며 살아가고자 몸부림을 칩니다.

주님, 우리가 마음을 다하고, 뜻을 다하고, 힘을 다하여 하나님을 사랑하게 하옵소서. 더욱 우리의 사랑이 커지게 하시고, 하나님께 감동이 되는 아름다운 사랑이 되게 하옵소서.

거기서 멈추는 것이 아니라, 그 사랑을 고스란히 우리의 이웃에게 흘려보내게 하옵소서. 우리가 하나님을 사랑하는 것처럼, 그리고 하나님께서 우리를 사랑하셨던 것처럼, 우리의 사랑도 그렇게 이웃으로, 세상으로 흐르게 하옵소서.

그것이 바로 하나님의 나라를 소망하는 자들의 삶이라는 것을 알고 있습니다. 그렇게 살려고 주님의 십자가를 붙잡는 주의 제자들을 기억하옵소서.

자기를 부인하고, 날마다 자신의 십자가를 지고 주님을 따르는 그 제자들에게 한없는 하나님의 은혜를 허락하여주옵소서. 절대 자신의 안위를 위해서 살지 않길 소망합니다. 주를 위해서, 온전히 주를 위해서 살아가는 인생이 되게 하옵소서.

제 목숨을 놓고 구걸하는 인생이 아니라, 가진 것 하나 없어도 주를 위해서 당당하게, 담담하게 살아가는 인생이 되게 하옵소서. 그런 인생이야말로 하나님의 나라를 세워나가는 인생인 줄 믿습니다.

오늘도 하나님의 나라를 소망하는 이들에게 하나님나라의 비전을 허락하시고, 악한 세력의 미혹에 넘어가지 않도록 끝까지 붙잡아주옵소서.

시간이 흐를수록 세상은 더욱더 어두워지고, 진리의 빛은 희미해져 갑니다. 주님, 우리에게 하나님나라의 참 빛을 허락하소서. 갈 바를 알지 못해서 헤매는 자들의 발걸음을 진리의 빛으로 비춰주시고, 차마 하나님 앞에 모든 것을 내려놓을 용기가 없는 이들에게 위로의 빛이 되어주시며, 용기를 내어 담대히 하나님의 나라를 선포할 수 있도록 성령께서 함께하여주옵소서.

십자가를 감당하기 부족하고 연약한 인생을 함께 견디게 하옵소서. 간절히 주님만을 의지합니다.

예수님의 이름으로 기도합니다. 아멘.

행복한 중보기도

저에게는 사랑하는 딸이 있습니다. 아내와 제가 미국에서 유학 중일 때 하나님은 이 아이를 선물로 주셨습니다. 너무도 힘든 시간이었지만, 하나님은 이 아이를 통해서 참 많은 것을 경험하게 해주셨습니다. 아내가 산후풍으로 고통 가운데 있을 때는 2.46킬로그램으로 태어난 그 작은 아이를 오리털 패딩으로 감싸 안고 캠퍼스 이곳저곳을 걸으며 기도했습니다.

힘든 시간과 환경이었지만 하나님께 감사의 기도를 드렸고, 이 아이가 하나님의 나라와 의를 구하는 아이가 되게 해달라고 기도했습니다. 태어날 때 그렇게 작았던 아이는 이제 초등학교에 입학해 건강하게 지내고 있습니다. 모두 다 하나님의 축복이지요.

아이가 유치원에 다니던 시절에는 종종 제가 아이를 재워주었습니다. 일곱 살이 되면 혼자 자겠다고 하기에 멋진 2층 침대를 사주었는데, 속고 말았습니다. 초등학교 1학년이 되었는데도 혼자 자는 것이 무섭답니다. 그럴 때면 방바닥에 푹신한 이불을 깔고 팔베개를 하고선 딸을 재워주었습니다. 이 책을 마무리하는 글을 쓰는 이 순간에도 딸아이는 제 옆에서 쌔근쌔근 잠을 자고 있습니다. 이런 딸을 안고 기도하며 축복하는 시간이 여전히 행복합니다.

문득 제 안에 이런 음성이 들립니다.

"나도 그렇게 행복하단다."

하나님께서도 우리를 안고 복을 주실 때 얼마나 행복하실까요? 성경에 그려진 작은 삽화나 성화들에서 어린아이를 안고 축복하시는 우리 주님의 모습을 보면 그 얼굴에 늘 환한 미소가 있었습니다.

그런 생각을 하다 제 안에 한 이미지가 그려졌습니다. 기도하는 자들, 특히 중보기도를 하는 자들을 품에 안아주시는 주님의 모습이었습니다. 주님이 중보기도하는 자들의 입술을 집중해보시면서, 환한 미소로 그들을 품에 안아주셨습니다. 다른 이들을 위해 간절하게 기도하는 그 입술에 주의 복을 주셨습니다.

주님은 이기적인 기도가 아닌, 이타적인 기도로 자신을 찾는 자들을 안아주십니다. 주님의 품은 얼마나 따뜻할까요? 아마도 제 딸은 아빠의 품이 따뜻해서 계속 안아서 재워달라고 하는 것 같은데, 우리에게도 그런 따뜻한 품을 소망하는 마음이 있지 않습니까? 이 세상에서 경험할 수 없는 그런 따뜻함, 그런 위로, 그런 평안은 주님으로부터만 가능합니다. 그래서 우리는 더욱 중보기도자로 나아가야 합니다.

내가 기도로 다른 이들을 안아줄 때, 하나님은 우리를 안아주십니다. 중보기도는 그렇게 우리를 하나님의 품으로 인도해줍니다. 바로 지금, 우리를 안아주시는 주님을 경험하시길 소망합니다.

'나'를 넘어 '우리'가 기도하고, 더 나아가 우리가 '중보기도의 공동체'가 된다면, 그때에는 감히 세상이 감당할 수 없는 그리스도인, 세상이 감당할 수 없는 교회로 서게 될 것입니다. 세 겹줄, 네 겹줄, 아니 헤아릴 수 없는 놀라운 기도의 끈이 만들어지는 것입니다. 사탄이 아무리 흔들어도 끊어지지 않을 기도의 사슬입니다.

주님 안에서 건강하게 함께 기도할 수 있는 자들을 주변에서 찾아보시기 바랍니다. 그들도 그리 멀지 않은 곳에서 여러분과 동행하기 위해 준비하고 있을지 모릅니다.

지금, 주위를 둘러보십시오. 여러분이 기도의 제목을 물어봐주기를 원하는 이들이 있을 겁니다. 생각보다 많을 수 있습니다. 그들과 함께하십시오. 그리고 기대하십시오.

하나님은, 기도하는 여러분의 공동체를 사용하실 것입니다.

그 시작은, 바로 당신입니다.

그런 당신을 진심으로 사랑하고 축복합니다.

혼란한 시대와 상황에서도 제게 흔들리지 않고 부르신 그 길을 담담하게 걸어갈 수 있도록 붙잡아주신 하나님께 모든 감사와 영광을 드립니다. 드림교회 박장혁 담임목사님과 성도님들, 그리고 중보기도의 공동체로서 함께 울고 함께 웃으며 하나님 앞에서 몸부림치며 기도하는 드림교회 청년 공동체, 부족한 제가 부르심을 잊어버리지 않도록 격려해주신 규장의 여진구 대표님과 모든 식구들께 감사드립니다.

또 저희 부부의 멘토이신 하정완 목사님, 서은희 사모님, 폭풍이 휘몰아치는 것 같은 상황 가운데서도 늘 눈물로 기도해주시는 아버지 이준석 장로님, 어머니 김종구 권사님, 사랑하는 가족이 베풀어주는 은혜로 오늘을 살아가고 있습니다.

마지막으로 하나님나라를 위해 오늘도 한 팀이 되어 기도하는 제 호흡의 이유, 아내 강은혜와 딸 인아, 그리고 이 땅에서 중보기도자의 삶을 살다가 이제는 하늘에서 기쁨으로 주님을 찬양하고 계실 장인어른, 장모님께 감사를 드립니다. 늘 기억하겠습니다.

지금, 다시, 중보기도

초판 1쇄 발행	2021년 10월 25일
지은이	이진황
펴낸이	여진구
책임편집	이영주 정선경 진효지
편집	최현수 안수경 김도연 최은정 김아진 정아혜
책임디자인	노지현	마영애 조은혜
기획홍보	김영하
마케팅	김상순 강성민 허병용
제작	조영석 정도봉

마케팅지원　최영배 정나영
경영지원　김혜경 김경희

이슬비전도학교　최경식　　　303비전성경암송학교　박정숙
303비전장학회 & 303비전꿈나무장학회　여운학

펴낸곳　규장

주소　06770 서울시 서초구 매헌로 16길 20(양재2동) 규장선교센터
전화　02)578-0003　팩스　02)578-7332
이메일　kyujang0691@gmail.com　　홈페이지　www.kyujang.com
페이스북　facebook.com/kyujangbook　인스타그램　instagram.com/kyujang_com
카카오스토리　story.kakao.com/kyujangbook
등록일　1978.8.14. 제1-22

ⓒ 저자와의 협약 아래 인지는 생략되었습니다.
이 출판물은 저작권법에 의해 보호를 받는 저작물이므로 무단 전재와 무단 복제를 할 수 없습니다.

책값　뒤표지에 있습니다.
ISBN　979-11-6504-249-3　03230

규 | 장 | 수 | 칙

1. 기도로 기획하고 기도로 제작한다.
2. 오직 그리스도의 성품을 사모하는 독자가 원하고 필요로 하는 책만을 출판한다.
3. 한 활자 한 문장에 온 정성을 쏟는다.
4. 성실과 정확을 생명으로 삼고 일한다.
5. 긍정적이며 적극적인 신앙과 신행일치에의 안내자의 사명을 다한다.
6. 충고와 조언을 항상 감사로 경청한다.
7. 지상목표는 문서선교에 있다.

하나님을 사랑하는 자 곧 그의 뜻대로 부르심을 입은 자들에게는 모든 것이 合力하여 善을 이루느니라(롬 8:28)

규장은 문서를 통해 복음전파와 신앙교육에 주력하는 국제적 출판사들의
협의체인 복음주의출판협회(E.C.P.A:Evangelical Christian Publishers
Association)의 출판정신에 동참하는 회원(Associate Member)입니다.